明治維新胎動之地

從毛利、維新志士到近代日本首相輩出的山口縣歷史探索

幕末長州

鄭祖威——著

CHŌSHŪ
the Birthplace of Meiji Restoration Leaders

不歌頌勝利者，無添加的真實故事

——胡煒權（日本國立一橋大學博士）

「歷史是由勝利者書寫的。」——這是我們歷史愛好者的老生常談，往往也帶有一份感慨和唏噓。這是因為我們在不知不覺間基於這句名言，對落敗一方感到可惜，同時覺得勝利者盡得所有，甚至包括「歷史事實」的話語權。久而久之便覺得勝利者十分討厭，然後愈發同情、歌頌弱者、落敗方。

站在歷史學者的立場而言，當然很能理解這種心情，而且平心而論，勝利者佔有述說「歷史事實」的話語權，但這並不代表他們述說的都是真相，很多時候他們會出於政治動機，濫用這個話語權，為自己貼金、修飾，甚至改竄、捏造。即便是這樣，我們需要做的，不是一邊倒地去加深對勝利者的厭惡感，或者加強對敗者的同情，而是應該反其道而行，利用現有的情報、資料去還原真相，帶出一個重要的訊息：「歷史不是勝利者的玩物」。

《幕末長州》這部作品藉由簡單易懂的敘事手法，說明了引導江戶日本走向現代化，實現影響深遠的明治維新的長州藩（今天的山口縣）之發展經過，以及為讀者訴說他們能夠成就功業的原因。

因此，這本書不是一部歌頌勝利者的歷史書，也不是為了迎合一般讀者對勝利者的心態而寫的「吐糟作」。其實《幕末長州》的動機和想強調的訊息很簡單——還原勝利者的真面目。

說到幕末，熟悉日本近代史的華人讀者長久以來受到已故日本歷史小說家——司馬遼太郎的薰陶，十分喜歡有名的西鄉隆盛、坂本龍馬，然而，長州藩缺乏淒美悲壯故事，只實事求是、著手鞏固維新成果，缺乏了人們想要的情節和節奏，只有很大概的、很表面的印象——那場著名的關原之戰裡，大敗的毛利家（長州藩）子孫成功為祖宗報仇、推翻了德川幕府，再與薩摩藩聯手締造歷史！

可是，為什麼他們能成功？為什麼他們能夠從一個位處本州島邊陲、長年受財政赤字困擾的「敗者」一躍而起，變成讓幕府頭疼、欲除之而後快的麻煩分子，最後還完美地為

「復仇劇」劃上句號？

時至今天，他們努力的果實仍然影響著日本政壇，可是，他們的功勞卻又被上述的西鄉隆盛、坂本龍馬的故事蓋過。這又是為什麼呢？

不僅如此，作者鄭祖威先生更為我們讀者，有條不紊地說明一群既有共同志向，同時又各懷鬼胎的人們在各種不同的機緣巧合、錯綜複雜的情勢下，成就了歷史性的功業，讓我們對幕末、對明治維新的思考，增添了幾分「難得的混亂」，像一個衝擊波般重新敲亂我們已經僵化的史觀——「勝利沒有純潔，革命從來污穢」的現實，再次告誡我們要以史為鑑，勇敢地直視真實，拒絕造神和美化。

即使讀者以為自己已對這段歷史的結局十分明瞭，但如無起始，何來結局？如此結局，哪來意義？《幕末長州》追本溯源，為我們帶來了一個結構完整的「勝利者成長記」，我們可以不尊敬勝利者，但勝利者成功之因（不管手法是正當還是骯髒）都足以成為我們的教材。歷史講求完整性，《幕末長州》這樣脈絡清晰又不虛不假的「反敗為勝」故事正是我們研究歷史之人，希望作為學習者參考、利用的好材料。

對薩長史觀的反思

——洪維揚（日本歷史作家）

近代日本的建立，毫無疑問是位在本州西端的長州藩和九州南陲的薩摩藩出力最多，要了解近代日本建立的過程，除了要知悉幕末期間的歷史外，也要知悉薩長二藩的由來、恩怨到攜手合作的過程。我有幸在去年出版一部《幕末：日本近代化的黎明前》，向大眾介紹從黑船事件後到《王政復古大號令》頒布為止，在十四年半的時間裡幕府和諸藩間各種政治主張的角力過程。雖然拙作也介紹了薩、長、土、肥及紀伊、水戶、會津、越前、彥根諸藩，但終究只是概述，而在此時，遠足文化推出的《幕末長州》剛好可以彌補拙作關於長州藩敘述上的不足。

《幕末長州》一書上起毛利家公認的始祖大江廣元（平安末期至鎌倉初期），下至乃木希典夫婦為明治天皇殉死，前後歷時近八百年。前幾章約占全書三成的篇幅簡單介紹從毛利家到長州藩的演變，第五章起進入幕末，敘述方式與拙作有所不同，內容聚焦於長州，其餘幾乎略過不談，可說是介紹長州的專書，有助於讀者對長州的了解。

吉田松陰、月性、安政大獄、航海遠略策、周布政之助、奇兵隊……等均為幕末時期長州著名的人事物，我在拙作雖有提及，但多為浮光掠影，不論在深度或廣度上均不如本書來得詳盡，讀者在閱讀時從這些細節不難理解，作者對於長州這一主題耗費了多少的時間探究才有這樣的成果。

一九六八年為明治維新百年紀念，當時已有諸如原口清、石井孝等學者從反薩長史觀的角度撰寫戊辰戰爭的書籍，可惜未能在當時蔚為風潮，薩長史觀依舊是幕末維新史的主流，甚至是唯一說法。去年（二〇一八）為明治維新一百五十週年，這五十年來學術自由在日本得到更進一步的落實，學術界派系（學閥）之見逐漸消弭，社會也有更大的包容力，可以容納更多不同的歷史觀點。如此氛圍之下，反薩長史觀普遍得到認同，舉凡學術界的家近良樹、成田龍一、保谷徹，以及民間作家如京都靈山歷史館副館長木村幸比谷、前文藝春秋編輯長半藤一利、福島縣出身的作家星亮一都長期撰書批判薩長史觀，對於戊辰戰爭中獲勝的官軍是否代表正義抱持極大的懷疑。戊辰戰爭期間加入佐幕派的成員，其後人子孫經常出示先人書信以證明幕府及佐幕派並非薩長史觀所宣傳的腐敗、顢頇。

儘管只憑佐幕派後人子孫保存的書信、文件還不足以完全還原幕末真實的面貌，但只要能維持目前的氛圍而不受政治力干預的話，也許在不久的未來，更為真實的幕末維新史展現在我們眼前應該是指日可待。

相較於日本人的當局者迷，身為外國人的我們更應該以旁觀者清的態度看待幕末維新，本書的作者鄭祖威先生幾乎是從一個旁觀者的角度，以超然客觀的立場向讀者介紹幕末時期長州藩在政治上的種種作為，這才是撰寫外國史應具備的寫作態度。

我與鄭祖威先生在網路上相識已久，鄭先生在網路上以松壽丸之名，經營專業的戰國史網站「戰國裸體團」多年，我本人有幸在台北與他見過兩次面，堪稱是華人世界裡首屈一指的毛利通。令我意外的是，我原本認為鄭先生只專精戰國時代的毛利家，沒想到連江戶時代的長州藩也游刃有餘。這一次十分榮幸應遠足文化之邀，為鄭先生的著作撰推薦序，希望鄭先生能再接再厲，繼續為華人貢獻更多優質的著作。

寫於三月在彰化自宅

一、長州之於幕末

提到幕末，總是離不開維新，提到維新，也不能不談幕末。「幕末維新」（或者「明治維新」）一詞，彷彿告訴我們日本人如何努力開創新時代，寫下歷史新一頁，而它的潛台詞便是德川幕府守舊腐敗，明治新政府開明公正。我們很容易抱有這種感覺，畢竟日本的近代化，不論制度或是建設，確實是由明治政府開始的，沒有明治新政府的成立，日本可能像清政府一樣，受西方列強分割凌辱，國不成國。

這種先入為主的薩長史觀長期佔據著主流地位，因為歷史是由勝利者書寫的，當時的教育和宣傳，也由不得人們有半點質疑。中日甲午戰爭和日俄戰爭，使日本躋身世界列強之位，更印證了近代化的成功。當初積極倒幕和建設新日本的功臣們，理應不會懷疑這條路線是否錯誤，更想不到大半個世紀後國土會遭受轟炸的厄運。

不過批判的聲音還是有的。二戰的失敗使人們反思歷史，這些聲音得以擴大，除了批判軍國主義，亦批判薩長史觀。一九五〇年代，歷史學家井上清、鈴木正四等人合著《日本近代史》，運用唯物史觀，提供各種數據資料，揭示新政府治下的日本百姓，並沒有比封建的幕府時代活得更好。近年這種反薩長史觀似乎愈見普及，日本作家如半藤一利和武田鏡村，最近也推出著作，推廣反薩長史觀，雖然論據略欠成熟，但是可以預見，這種非主流的史觀會愈來愈吸引，終有一日成為主流。

儘管出現這種反主流聲浪，但倒幕派推翻幕府，創建新政府，帶領日本走向近代化，仍是不容否認的事實。

眾所周知，江戶時代末期的倒幕運動當中，由薩摩和長州兩藩佔主導地位，而在明治維新後的新政府之中，薩長兩大派閥也同樣居於權力中心。

所謂的長州，即為今日的山口縣。從戰國時代末期開始，毛利家便管治著這塊土地。毛利家是少數在關原合戰中對抗德川家，並在戰後維持管轄兩個分國的大名。儘管長州在江戶時期受盡財政危機之苦，卻憑藉優越的地理位置和鼎盛的人才，不斷改革，累積實力，成功跨越各種難關，繼而在攘夷和倒幕運動中扮演領導角色。因為維新的功勞，長州派得以在新政權佔據重要席位，直到今天仍可見其影響力。

故本書特以長州藩為對象，論述尊王倒幕的本質，探討長州藩成功的因素。不特別頌揚長州的貢獻，亦不隱諱長州的暴行，一切以史實為基礎，就事論事，並不抱有任何政治及道德立場。

二、本書架構

筆者相信改變歷史方向的是人，儘管在同樣的自然環境和社會狀況之下，每個人所抱持的想法也不盡相同，而想法會決定其行動。不同人的行動互相碰撞、搖動歷史軌跡，因此本書將循著這樣的因果模式進行論述。

在序章將簡單介紹山口縣的地勢和民風，並將時序橫跨上古至幕末，簡敘當地的歷史，讓讀者對此地有個基本的概念。

第一章和第二章則從長州藩的前身——戰國時代的毛利家切入。要認識長州藩的歷史，不得不提戰國時代，因為我們必須知道為何會有長州藩的出現，為何毛利家選擇萩作為藩都，定都於萩對長州藩的發展有什麼影響，這些背景知識對認識幕末歷史相當重要。

第三章承接著第二章，講述江戶時代初期到中期長州藩面對的困境，以及藩的應對政策。這段時期的建設，對於日後的發展極為重要，長州藩能在幕末時期人才輩出，威風八面，正是在這段時期打下的基礎。

第四章開始踏入幕末時期。這部分將聚焦於人，以人的活動作為主體。按照人物角色的主張不同，分成不同章節，有改革派官僚，也有保守派官僚；有主張開國的人，也有主張尊王攘夷的人；有負責教育的，也有在背後資助志士活動者。所謂「國家興亡，匹夫有責」，國難當前，不管是統治階層或是低層官僚，甚至草莽百姓，都因為意識到危機而投身報國，用生命演出一幕幕繽紛璀璨，卻也血淋淋的歷史活劇。

最後想帶出一個問題為全書收尾，希望讀者仔細思考：薩長倒幕的本質，是革命，還是奪權？

本書所使用的時間皆為舊曆，除非特別註明。一八七三年開始，則使用公曆（新曆），敬請知悉。

序章

山口縣的地理與民風

山口縣位於日本本州最西端，東面鄰接島根縣和廣島縣，南面是瀨戶內海，西面和北面被日本海包圍。陸地的西南端是下關（古稱馬關、赤間關），與九州島的門司僅咫尺之遙，一同扼守著日本海進入瀨戶內海的咽喉。縣境中央部分是橫亙中國（日本地域名稱，指本州近畿以西的地區）東西延伸的中國山地，海拔不高，多高原和盆地，天然資源豐富，盛產銅和木材；沿海地區則面積狹小，多是河流下游的沖積地，且形成時間相對較晚。谷地集水容易，利於農作，沖積平原則不宜耕種，人們大多從事漁業。

由於接近亞洲大陸和朝鮮半島的緣故，自古便有人渡海來到此地定居，戰國大名大內家的先祖琳聖太子，相傳就是從朝鮮半島百濟國過來的。這些外來的人帶來先進的耕種器具和技術，使該地區的農業較為發達。而三面環海和山地廣闊的自然地形條件，驅使居民以捕魚和狩獵維生。在農、獵、漁之外，商業貿易也是一項收入來源。下關與門司港之間的狹窄海域，稱為關門海峽，是商船往來必經之地，來自日本各地的船隻皆停靠港口，帶動交易活絡。此外，關門海峽也流傳相當多的歷史故事：例如傳說中神功皇后征韓路經該處，使陸地變成海；源平最後交戰之地壇之浦，也是在下關沿海海域；宮本武藏和佐佐木小次郎的決鬥地點巖流島（原名船島），亦是在下關境內。

山口縣古時分為周防和長門兩個令制國。在鎌倉時代，大內家統一周防和長門國，經營了五百年，創造出瑰麗堂皇的大內文化，直到戰國時代才被安藝的毛利家取代。毛利家在毛利元就的帶領下，南征北戰，開疆闢土，勢力橫跨山陰、山陽十多國，成為西國屈指可數的大大名。他的繼任人毛利輝元，深獲豐臣秀吉器重，踏足中央政界，攀升五大老之一，不過在慶長五年（一六〇〇）的關原合戰淪為敗方，被對手德川家康削減領地，只剩周防和長門兩國，從此毛利家屈膝於德川幕府，活了二百多年。

移封周防、長門兩國的毛利家，並沒有將政廳設在山口——在南北朝時代由大內弘世模仿京都格局打造、素有「西之京」美譽的都市。而是在與幕府幾番周旋之後，決定遷移到萩。萩在長門國面向日本海的一側，位於阿武川下游的出海口。它被中央山地阻隔，遠離西國的經濟重心瀨戶內海，當時還是個鳥不生蛋的沖積地帶，只有數十戶人家，根本沒有作為藩都的基礎，不過毛利輝元還是聽從了幕府的意見，選擇了萩。因為萩所在的長門國，古時簡稱長州，故此有人將萩的政府稱為長州藩（「藩」或「藩主」在江戶時代都不是正式用語，不過為行文方便，以下一律用「藩」來指稱）。事實上，長州藩這個稱呼不僅指涉萩政府，還包括萩以外的所有支藩所有領地，換句話說，它是一個統稱。

整個江戶時代，長州藩每個武士的生活都十分慘澹，必須向商人借貸度日，間接令商人地位上升。眼看藩財政每況愈下，藩政府不得不作出改革，才勉強度過難關。好不容易撐了二百多年，黑船來航打開了時局的缺口，毛利家終於再度登上歷史的主舞台。

德川幕府統治末期進入一個混亂的時代。若說室町戰國是軍閥割據的時代，那麼幕末便是思想激烈碰撞的時代。室町戰國時代，朝廷和幕府已經無力維持社會秩序，人們不講道德，只講實力，安身立命之道便是靠打仗或者陰謀篡奪。但是經歷江戶時代的太平盛世和學問的薰陶，統治者少了殺伐之氣，多了文治之風。而外國人給予日本的壓力，加上近鄰清廷的連番挫敗，喪權辱國，激起日本人的危機感。他們不像戰國時代的人們為了與鄰近的領主爭土奪地，整日惶恐不安，他們關懷的是怎樣拯救整個國家，不讓國家像大清一樣被外國列強瓜分。

而各地藩主平日高高在上，未必能夠真切體察民情、了解百姓所需，因此提拔藩內有識之士，由他們負責改革應對世局。這些有識之士多出身低下階層，或擔任政府下級官僚，每日操持實務，想法比較實際，他們想出許多種拯救國家的方法，有的溫和，有的激進，有的理性，有的粗暴。在如此時局，志士之間本應透過交流尋求共識，攜手合作，但是現實之中，人們往往認為只有自己的主張才是正確的，只想採用自己的方法，無法接納他人的意見。因此總有爭執出現，人與人的辯論，藩與藩的較量，無所不用其極，當中還摻雜一些個人私慾、仇恨，只為自己一人出世，不以國家利益為重。在這些碰撞之中，我們看得到各種人性。

最後是個題外話。寫於室町時代末期的《人國記》，描述日本各地人民風俗性情，觀察細微獨到。它提及長門國人比較謹慎，亦會互相扶持，然而做事不太專心致志，容易半途而廢；至於周防國人雖然正直，但沒有大志，欠缺義氣，朝秦暮楚，甚至為了利益以身試法。雖然本作集中講解江戶時代，與室町末期相去甚遠，不過各位讀者在閱讀正文時，不妨將歷史事件和人物活動與《人國記》的描述相比，看看幾百年前的描述是否準確。

第一章

毛利元就的遺產

毛利元就的先祖是活躍於平安時代末期和鎌倉時代初期的大江廣元。大江廣元本來是公家出身，仕奉朝廷，獲源賴朝挖角而成為他的幕僚，為源氏政權落實守護和地頭等統治制度，貢獻極大。大江廣元在鎌倉幕府裡的地位，僅次於將軍源氏和執權北條家，他的幾個兒子都身居幕府要職，各自顯貴，其中一個兒子季光繼承了廣元在相模國毛利莊的領地，自此冠上毛利姓。後來毛利季光捲入幕府權鬥，全家兵敗身死，所幸他的第四個兒子經光當時在外辦公，倖免於禍，成為毛利家的唯一繼承人。而經光的第四個兒子時親，老年時帶同族從越後的領地遠遷到安藝國的吉田郡山城，並且在那裡定居下來，發展自己的勢力。

經過幾代家督的發展，直到毛利元就繼承家督之時，毛利家仍然是安藝國內陸部一介國人領主。當時安藝國為西面的大內家和北面的尼子家包圍，是兩家爭奪之地，而安藝國內豪族林立，互不統屬，毛利家周圍的國人領主亦有不同立場，毛利元就遂憑著策略，一邊替大內家辦事，一邊與周邊國人領主結盟，加上自己膝下有許多健康的兒子，便將兒子們送到有力的國人領主家當養嗣子，用各種方法併吞他們的家業，於是逐步發展成安藝國內最大的勢力。

天文二十年（一五五一），擁有周防、長門等多國領土的大內義隆遭首席家臣陶隆房殺害，毛利元就趁機與大內家分手。他與陶隆房在弘治元年（一五五五）決戰於嚴島，以奇襲之計成功殲滅陶軍，取得關鍵勝利，此後毛利元就用了兩年時間攻掠周防、長門，終於滅了舊主大內家。再過幾年，毛利元就揮軍北上，滅亡宿敵出雲尼子家。當時毛利元就

立於吉田郡山城跡下之毛利元就公像——孫君犖拍攝

已屆古稀之年，但是雄心猶在，繼續南征北討，將領土推至備中、伊予和豐前，橫跨中國、四國、九州，成為西國首屈一指的大名。

在攻掠出雲尼子家的時候，毛利家奪得石見銀山。石見銀山在當時是有名的銀山，甚至因為傳教士的宣傳而廣為西方國家所知悉。當時因為採用了先進的灰吹法技術，因此能夠大量提煉更高純度的銀，根據研究，當時石見銀山的銀產量，高達全世界總量的三分之一。擁有石見銀山，為毛利家帶來巨大的財源。

十六世紀的日本，尚未流行將金和銀作為一般交易媒介，在慶長年間（一五九六—一六一五）德川家康發行大判、小判、分金、朱金、豆板銀等流通貨幣之前，金和銀通常用於外交用途。而毛利元就奪得石見銀山之後，就馬上將整座銀山捐獻給窮困的朝廷，作為朝廷的御料所[1]，自己代替朝廷開採銀山，只抽取部分作為收入。此外，由於銀山已是朝廷名下的財產，足以讓毛利家的敵人打消搶奪銀山的念頭。另一方面，朝廷有了這筆橫財，終於可以替在位已經三年的正親町天皇舉行即位儀式。毛利元就因為勤王有功，獲天

---

1 朝廷直轄土地，土地收益歸朝廷所有。

皇特准使用皇室御用的菊紋和桐紋，可說是戰國第一人。後來織田信長也有過扶助朝廷的舉措，但那是上洛以後的事了，而毛利元就雖處身西國，與京都相隔萬里河山，卻比織田信長更早注意到朝廷，實屬難能可貴。

可是當時朝廷一貧如洗，在政治上沒有實際影響力，為什麼毛利元就仍然要捐錢給朝廷呢？有一種說法認為，在本章開頭提到的大江廣元，他的先祖是平城天皇（八〇六－八〇九年在位）之皇子阿保親王，即是說大江廣元以及毛利家都是與天皇同源的皇胤，所以毛利家特別關照朝廷。但這個說法並沒有史料佐證，純屬後人猜測，而且絕大部分武士的先祖源平兩家均為皇族後裔，毛利家雖然貴為親王後代，但在幾百年武士化之後，也與源平後代一般無異了，與朝廷的關係並不見得有多特殊。不過，從現實戰略角度來看，毛利元就將石見銀山獻給朝廷，可以保障銀山免於落入敵人的手上，因為敵人若敢打銀山的主意，就是與朝廷作對。據說羽柴（豐臣）秀吉在本能寺之變後與毛利家商討邊界問題時，曾想將石見銀山據為己有，但礙於毛利家與朝廷的深厚關係，不得不妥協，最終決定由兩家共同派人管理。直到慶長五年（一六〇〇）關原合戰後，德川家康削減毛利家領地（將於次章詳述），石見銀山才脫離毛利家的控制。

後世流傳一種說法，指德川家康建立幕府，禁止所有大名直接與朝廷接觸，只有毛利家例外。不過目前沒有史料證明毛利家享有這項特權，恐怕僅止於傳說。

此外，毛利元就還有受人傳頌的另一面，就是他十分重視家庭教育和團結的重要性。毛利元就在繼承家督前後，娶近鄰國人吉川家的女兒妙玖為妻。兩人共育有三男兩女，男子分別是毛利隆元、吉川元春和小早川隆景，女兒一個早死，一個嫁到近鄰宍戶家。與絕大部分戰國大名不同，毛利元就在妙玖在世時，沒有娶別的女人當側室。直到妙玖去世後，毛利元就才娶側室，並生下六個兒子。

毛利元就相當重視一族團結，因為他自己年輕時當上家督的路程，就經歷了兄弟鬩牆的慘劇。當年他的兄長毛利興元早逝，興元的獨子幸松丸也早死，便輪到毛利元就繼任家督。不過他的弟弟相合元綱因為背後有出雲尼子家暗中支持，也跑出來競逐家督，最終毛利元就派人偷襲相合元綱的居城，殺死了相合元綱，才穩坐家督之位。所以他教導自己的兒子，必須團結一致，才是家族強盛之本。

相信不少讀者都聽過這個故事：毛利元就臨終之時，將三個兒子（指毛利隆元、吉川元春和小早川隆景）喚到床前，拿出三支箭矢，叫他們各折一支，三兄弟輕而易舉把箭矢折斷了，然後毛利元就拿出一束箭矢，叫三兄弟試著折斷看看，結果他們使盡吃奶之力也折不斷。這個故事教訓他們（和後人），只要兄弟同心，就不怕他國侵略。

立於萩市民館前的三矢之訓銅像——作者自攝

「三矢之訓」首載於明治十五年（一八八二）編纂的教育書籍《幼學綱要》，後來在大正八年（一九一八）正式納入文部省編纂的小學課本裡。然而這個故事是虛構的，因為毛利元就去世之時，長子毛利隆元已經死去多年了，所以不可能有臨終教訓三個兒子的事。論其靈感應該來自中國《魏書．吐谷渾傳》：「阿豺有子二十人，及老，臨終謂子曰：『汝等各奉吾一只箭，折之地下。』俄而命母弟慕利延曰：『汝取一只箭折之。』慕利延折之。又曰：『汝取十九只箭折之。』延不能折。阿豺曰：『汝曹知否？單者易折，眾則難摧。戮力一心，然後社稷可固也。』言終而死。」

不過毛利元就確實曾寫過教訓狀給三個兒子，且該教訓狀留存至今，大家可在毛利博物館看到真跡，題為《三子教訓狀》。

教訓狀是毛利元就在弘治三年（一五五七）寫成的，當時毛利元就已屆六十一歲，毛利隆元三十五歲，吉川元春二十八歲，小早川隆景二十五歲。而吉川元春和小早川隆景，分別繼承了吉川和小早川家，協助毛利元就擴張領土，世稱「毛利兩川」。不過三兄弟並沒有想像中融洽，常有爭執，於是父親元就寫了一大篇書信給三個兒子。

書信由十四條組成，收錄於《毛利家文書》中。大意為兄弟和睦，聽從長兄隆元的說話，凡事要以毛利本家為念，如此才能凝聚人心，使毛利家在亂世中延續下去。

而三兄弟（加上後來的六個弟弟）的確沒有發生大的爭執，毛利元就死後，也再沒有發生過同族內鬥。吉川元春等一眾兄弟亦能克守父訓，協助年幼的家督毛利輝元（毛利隆元之子）經營事業。可以說，毛利元就在武功和教育上，為子孫打下了強實的基礎。

為紀念毛利元就的功績，日本政府在明治四十一年（一九〇八）追贈這位中興之主為正一位，比織田信長和豐臣秀吉兩位天下人受封的時間更早。

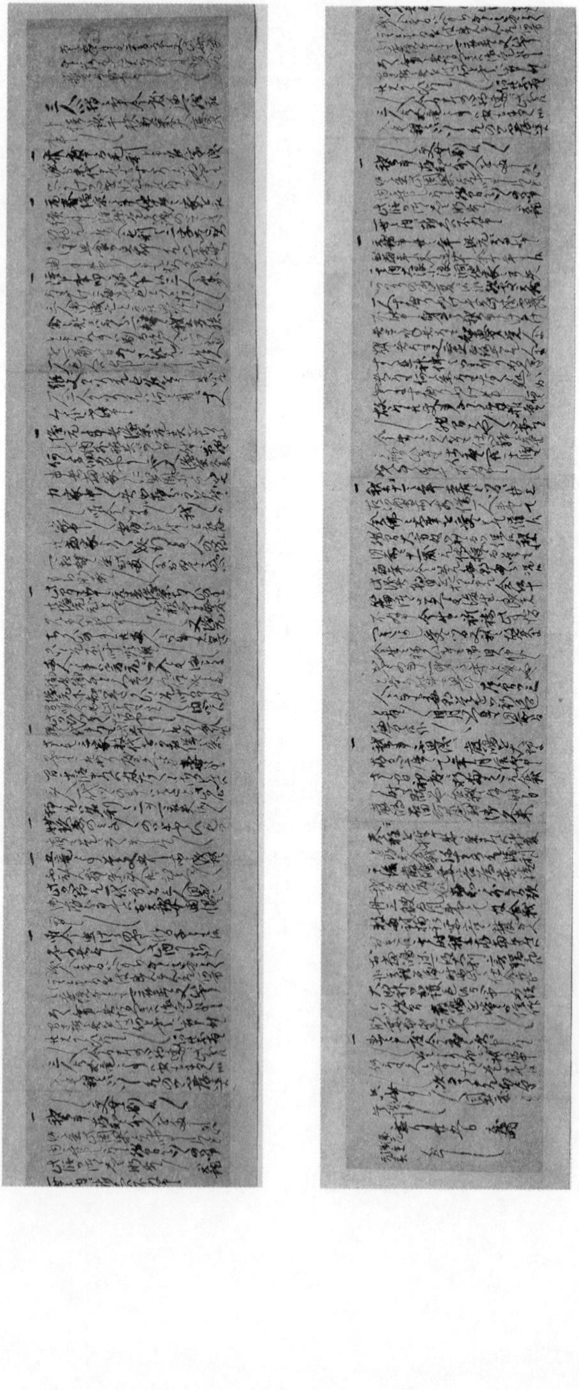

《三子教訓狀》全文——毛利博物館所藏

毛利元就的遺訓——不能抱持競逐天下之心

毛利元就死後，由長孫毛利輝元繼承家族事業，在兩位叔父和一眾家臣的輔助之下，版圖持續擴張，比毛利元就在世時更廣闊。後來毛利輝元擔任豐臣政權五大老之一，勢力可與德川家康匹敵。不過歷經一場關原合戰，德川家康打倒政敵石田三成和毛利輝元，掌控了政權。有鬥爭，自然就有清算，戰敗的毛利家，被德川家康削封，廣大領土只剩下周防和長門兩國。

毛利家的周防和長門兩國，是吉川廣家（吉川元春的三男）向德川家康求情求回來的。吉川廣家在關原戰前就已與德川家康有所聯絡，戰時按兵不動，沒有參與混戰，也算是德川軍能勝利的一個「功臣」，所以德川家康順應吉川廣家的要求，給毛利家留下周防和長門兩國。

雖然不至於滅亡，但是已無復昔日輝煌，無論怎麼說都是一件罪過，難免會讓人回憶以往的美好。其中一個當事人吉川廣家在事後的回憶記事中（收錄於

《吉川家文書》），分析了戰敗的原因，他認為毛利家參戰全是安國寺惠瓊的奸計，無端將毛利輝元捲入。而爺爺毛利元就生前亦曾說過，千萬不要抱持競逐天下的心，要以守護家業為重，將來與敵人作戰，能保住十國便十國，能保住五國就五國。吉川廣家的意思即是說，正因為大家忘記了爺爺的遺訓，才導致今日的後果。

不過關於這道遺訓，因為沒有其他文獻記載，所以目前只能視為吉川廣家的一面之辭，這一點請讀者留意。

第二章 移封防長

毛利元就在元龜二年（一五七一）病逝，享年七十五歲。繼任家督的是年僅十九歲的長孫毛利輝元。毛利輝元上任沒多久，就要面對新的對手——織田信長。當時織田信長勢力如日中天，控制著整個近畿，而且將不聽話的大將軍足利義昭驅逐出京。足利義昭來到備後寄身毛利家，毛利輝元選擇擁抱這顆政治炸彈，與織田信長作戰。

在足利義昭的號召之下，各地大名紛紛響應圍堵織田信長，織田信長無暇應付毛利，使毛利家在剛開始作戰時佔據上風，在吉川、小早川兩位叔父的協力下，毛利家曾一度將勢力範圍伸延到播磨、讚岐一帶。但織田信長將武田、淺井、朝倉等敵對大名各個擊破，扭轉了形勢，又任命重臣羽柴秀吉作為對毛利作戰的司令官，還拉攏了毛利家在伯耆和備前的盟友南條元續和宇喜多直家，毛利軍的優勢急轉直下。在經歷鳥取城之戰（天正九年

（一五八一）和高松城之戰（天正十年（一五八二））兩場慘酷的守城戰後，毛利軍的劣勢顯而易見，只要羽柴秀吉繼續進攻，毛利軍勢必抵擋不住。

但是上天及時拯救了毛利家！毛利、羽柴兩軍在高松城對峙期間，京都發生了本能寺之變，織田信長被自己的重臣明智光秀突襲身亡。羽柴秀吉趁毛利家尚未接到確實消息，匆忙與毛利輝元議和，並迅速返回近畿，擊潰了明智光秀的軍隊，接著接連打敗了柴田勝家、織田信孝，並降伏德川家康，登上關白寶座，改名豐臣秀吉，繼織田信長成為第二位天下人。等到毛利輝元搞清楚狀況卻為時已晚，只能對豐臣秀吉表示恭順。豐臣秀吉亦對毛利輝元這個對手相當器重，給他和其家臣優厚的待遇，在統一日本後，許予毛利輝元和小早川隆景相當於公家最高家格的「清華成」，以及在統一政權中擔任五大老的地位[1]，管領西日本所有大名。根據天正十九年（一五九一）的知行目錄[2]，當時毛利家所擁有的周防、長門、安藝、石見、備後、出雲、隱岐、備中八國，石高數高達共一百一十二萬石（《毛利家文書》），僅次於豐臣和德川家。

毛利輝元躍登中央政壇高位，成就比祖父毛利元就更高。不過好景不長，慶長三年（一五九八）及四年（一五九九）豐臣秀吉和前田利家相繼去世，政壇迅速分裂成兩大黨派，一方是五大老之一的德川家康，一方是豐臣家的首席奉行石田三成，雙方各有黨羽，互相攻訐、拉攏。毛利輝元選擇加入石田三成陣營，對抗德川家康。

慶長五年（一六〇〇）七月，趁著德川家康遠征會津上杉家的機會，石田三成在京畿舉兵，由毛利輝元擔任總大將。德川遠征軍聞訊，紛紛回師西進。九月十五日，兩軍在美濃國關原決戰，結果德川軍大勝。由於事先與德川軍暗通款曲的吉川廣家（吉川元春第三子）按兵不動，阻擋著南宮山上毛利秀元（毛利元就第四子穗田元清之子）的去路，令毛利軍無法加入戰團，眼睜睜看著決戰結束。

關原合戰後，毛利輝元退出豐臣秀賴（豐臣秀吉的獨子）所在的大坂城，將城池和主君都交給德川家康，表示恭順之意，以為假裝中立可以瞞天過海，全身而退，可是德川家康在大坂城內發現毛利軍趁亂出兵四國攻擊當地德川盟軍的證據，遂決定沒收毛利家所有領土，另賜周防、長門兩國給「功臣」吉川廣家。吉川廣家大為緊張，不願因此背負賣主

---

1 其餘三人為德川家康、前田利家和宇喜多秀家。小早川隆景死後由上杉景勝接替。

2 記錄領主所支配的領地及其石高的文件。

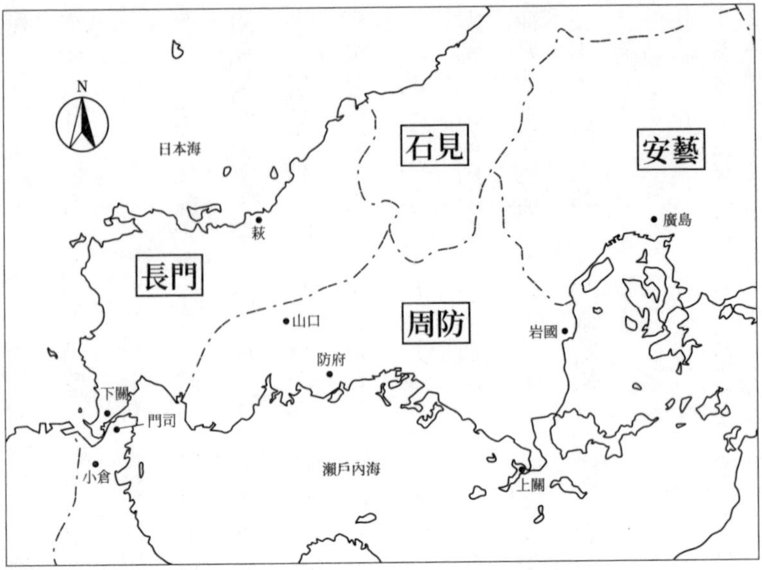

周防、長門地理位置

求榮的惡名，便趕緊向德川家康求情，表示自己不求報酬，請求德川家康將周防、長門兩國賜給毛利輝元，讓毛利家延續下去。德川家康應允他所求，便准許毛利輝元保有周防、長門兩國（以後為行文方便，合稱「防長」），即日生效。

據吉川廣家事後所寫的回憶錄（《吉川家文書》），毛利家遭遇如此厄運，完全是幕僚安國寺惠瓊一手造成的，若不是安國寺惠瓊蒙蔽了毛利輝元，擅作主張答應與石田三成共同舉兵，將毛利輝元拉扯到這場陰謀之中，毛利家也不會受到懲罰。不過這只是吉川廣家一廂情願的想法，因為近年的研究已證明毛利輝元是有意圖參與其中的，安國寺惠瓊只是他的代理人而已。

同一份回憶錄還提到，祖父毛利元就遺訓中，勸戒子孫以守成為務，切勿抱存競逐天下的野心。不過毛利元就死後，毛利輝元繼續擴張領土，又身兼豐臣家五大老，被一連串的勝利沖昏了頭，早已將祖父的遺訓拋諸腦後。

無論如何，德川家康已經迅速掌握天下實權，毛利家回天乏術，只好帶著家臣一同遷移。經歷這一場劫難，毛利輝元意興闌珊，身體也抱恙，索性出家為僧。

只是兒子毛利秀就尚幼，且被送到江戶當作人質，所以毛利輝元仍然未能卸下重責，長伴青燈。當務之急是要找尋新的居城，以作為毛利家督居住和日常辦公之地。毛利輝元提出三個方案，呈交德川家審批。

第一個是山口鴻峰（現今山口縣山口市）。山口在大內家歷代文治政策的經營下，贏得「西之京」的美譽，是許多公卿貴族的外遊熱門選擇，即使在毛利家治下，繁榮亦不減往昔。大內家最後一任家督大內義長曾在該處築城，直到關原合戰時，城池結構大抵保持完整，都城的一切條件都具備了，缺點只有離開海岸太遠，不合當時築城潮流——豐臣家的大坂城、德川家的江戶城、甚至毛利家自己興建的廣島城，都是臨海而建的，這些新時代的城池除了防衛用途之外，交通也便利。

另一個選擇是防府桑山（現今山口縣防府市）。防府桑山位於下關和上關（現今山口縣熊毛郡上關町）的中間，古稱中關，為佐波川的出海口，鄰近三田尻港口，是防府市的門戶。但是桑山是一座砂山，土壤不固，難以鋪設石垣，就算勉強築城，也得要有高度技術和巨額的資金。

第三個選擇是在萩（現今山口縣萩市）的指月山上築城。萩在長門國北面阿武郡境內，面向日本海，是長門國最大河流阿武川的出海口。阿武川在下游分成橋本川和松本川兩道支流，而兩道支流夾著面積不大的沖積平原，沖積平原西北面的盡頭處便是指月山。指月山三面環海，與指月山連接的沖積平原，亦有群山包圍，可說是易守難攻，不過指月山和萩平原偏僻狹小，又遠離經濟中心瀨戶內海區域，欲前往瀨戶內海一帶，必須翻山越嶺，十分不便。

雙方就三個方案往返交涉多時，最終在慶長九年（一六〇四）決定築城於萩。

以上三個方案對比起來，萩可說是下下之選，因此德川家康故意挑選萩。不過近年有

繪於慶安五年（一六五二）之《萩繪圖》，由此可一窺萩城與其城下町的規劃——山口縣文書館所藏

研究指出，在萩築城其實符合了毛利輝元的本意——除了上述地理條件，更重要的是，萩為毛利輝元姊姊的夫家吉見氏的領地，是吉見家歷代家督告老隱居的場所，相比其他與毛利家淵源不深的地方，萩可說是十分安全和可靠。而且萩地處偏僻小鄉，對德川家不能構成威脅，毛利輝元如果自願定都於萩，便能降低德川家的戒心。當然這是雙方的算計，不能宣之於口，當德川家康近臣村越直吉向毛利輝元分析時，便託辭說指月山雖然不便，卻是適宜防守的地方，而且工程耗費不大，是上上之選。村越直吉之言正中輝元下懷。可見選址在萩的決定是毛利、德川雙方互相算計的結果。

萩城在同年六月動工興建，毛利輝元從山口移遷到萩，親自監管工程。城池直到慶長十三年（一六〇八）才完工。

決定在萩建立藩都的同時，也給重臣分配各自的領地：毛利秀元獲封長門長府（現今下關市長府），獨立出來成為萩的支藩；吉川廣家獲封周防岩國（現今山口縣岩國市），但地位與毛利家臣相同，兩人守著毛利家的東西門戶。此外，封天野元政（毛利元就第七子）於周防三丘，封末次元康（毛利元就第八子）於長門厚狹等等，封毛利元鎮（毛利元就末子秀包的長子）於長門阿川等等。根據慶長年間的檢地資料，周防、長門兩國石高總數二十九萬八千石，相較於豐臣時代一百一十二萬石的大版圖，現在只剩下四分之一左右。而稅收所得僅有二十一萬石（稅率約百分之七十三），毛利輝元撥出其中十萬石用以支付家臣的俸祿，餘下十一萬石歸入庫房，用作日常管理開支。

但是豐臣時代的毛利家臣，幾乎全都跟隨毛利家遷入防長，移住至萩。龐大的家臣團，以及都市建設等巨額費用造成沉重的財政負擔。土地收益減少的結果，就是削減家臣的俸祿，家臣所得俸祿，僅剩關原戰前的五分之一。低下層家臣住在日益繁榮的萩市，收入微薄卻又物價高漲，生活更見困苦，為了生存，有的家臣出走，去別的大名家工作；有的解甲歸田；有的向商人借錢度日；有的甚至變賣家當換取金錢。例如昔日重臣平賀元相曾獲豐臣秀吉賜予豐臣姓，領四千石俸祿，但是跟隨毛利家移居防長後，俸祿被大幅削減，不足以維持生計，索性遠走到京都隱居起來，並且忍痛將珍貴的武具賣給另一名重臣福原廣俊，求福原廣俊借錢過活。他寫信給同僚時，在書信的便條上歎道：「盛衰人間之常也，安謂盛而可不謂衰哉，當家之衰從元相公始矣，為可知貧困子孫，載證文於臺紙，爰所載書，元相公在京都之時賣之物也。」境況相當淒慘。

但是慘況不止於家臣。毛利本家的財政狀況也不比家臣好到哪裡，單是都市建設的費用就很龐大，加上「六國返租問題」[3]和各種普請工作[4]所需的花費，收入根本不敷應用。唯有想盡辦法增加土地收入，減低財政壓力。

而增加土地收入的方法只有一途，即是檢地。檢地就是政府派人去鄉間丈量土地，檢舉下層領主故意瞞報的田地，或者尋覓適宜耕作的新田。慶長十二年（一六〇七），毛利輝元委任家臣三井元信和藏田元連就防長兩國進行檢地，費時三年完成，檢出總石高為五十二萬五千四百餘石，稅後所得為三十八萬三千五百餘石，向德川幕府申報則為三十六萬九千四百餘石。這便是毛利家號稱三十六萬石的由來。而十五年後的寬永二年（一六二五），總石高數大幅增加至六十五萬八千三百石。那時毛利輝元和吉川廣家先後去世，擔任藩主毛利秀就後見役的毛利秀元重新分配家臣的知行地，譬如將長門阿川的毛利元鎮（毛利元就末子秀包的長子）移到吉敷（現今山口縣山口市），將周防三丘的毛利元俱（天野元政之子）調到右田（現今山口縣防府市），更將政敵福原元俊調到人煙稀少的宇部（現今山口縣宇部市）等等。更重要的是，將生產特產品的地方收歸藩政府直轄，例如特產木材、和紙的周防山代地區（岩國附近），藉此確保藩政府收入來源。此次檢地和知行調動構成的領地格局，大抵維持到幕末。

儘管如此，毛利家的收入依然不敷使用。因為按德川幕府的規定，各大名的妻兒必須居於江戶的宅邸，而各大名每隔一年必須前往江戶參勤，即所謂「參勤交代」制度。單是在江戶交際應酬的開銷就已經夠大了，再加上不時奉幕府命令在全國各地進行修築工作，收入往往追不上支出。綜觀整個江戶時代，毛利家的財政都處於半死不活的狀態。

毛利家的窮困，也影響到社會流動性。毛利秀就的治世之時，藩財政曾一度好轉，不過在他晚年，財政狀況又因為德川家的徵募而惡化。毛利秀就想不到更好的辦法，竟然向家臣開刀，抽取家臣俸祿當中的二成，當作是藩政府借款，另外沒收知行八百石以下的家臣領地，將他們召集到萩，改以儲備米支付薪水。這些家臣本來就夠窮困了，現在藩政府又再壓榨一次，他們已經無法繼續在繁榮的萩市生活，向商人借了錢也沒辦法償還，到後來他們乾脆向藩政府申請離開萩，到鄉間生活。落戶鄉間的家臣愈來愈多，結果萩市的人口開始減少，基層官員短缺，購買力減弱，都市經濟開始衰退。為了解決這一問題，

3 關原合戰前毛利家在各分國所徵收的稅項，移居防長後須交還給新領主。
4 奉德川家命令提供人夫修築各地城池。

下一代藩主毛利綱廣制定了三十三條法令，規範各家臣、寺社、町人、百姓等等的日常生活。因制定於萬治三年（一六六〇），所以稱為「萬治制法」。此外推出多項措施挽救經濟困局，包括儉約令、設立寶藏銀（儲蓄制度）、馳走米（抽取家臣部分俸給用作開發經費）、發行藩札（只限藩內使用的債券）等等。由於內容過於煩瑣，在此略過不提。

另一方面，毛利家上下靠借銀度日，促使商人地位上升。其中名氣最大的要數菊屋。菊屋家原本是大內家臣，大內家滅亡後曾跟隨毛利家立下戰功，後來棄武從商，在山口當個町人，攢積了雄厚的資本。關原合戰後則跟隨毛利家遷移到萩，並出資捐助毛利家建設都市。菊屋家以後各代家督都以金錢資助毛利家的發展，基於這層因緣，菊屋家獲指定為藩御用商人，替藩政府調達物資。現在萩市吳服町，尚有菊屋家的主屋、金藏、米藏等建築物留存，更獲選為國家指定重要文化財，供遊客參觀。其他諸如近藤露竹、長谷川惠休等等町商人，亦在援助毛利家建設萩市方面付出人力物力，他們後來都得到毛利家的重用，擔任一些基層職位。這些町商人雖然處於四民制度（士農工商）的最底層，但實際上比武士更有社會地位，更受藩主尊重，藩主制定的法律當中，甚至有明例禁止武士對町商人無禮。

總而言之，江戶時代毛利家的存活，都離不開町商人的援助。

位於萩城下町的菊屋家住宅，主屋等五棟建築為國家指定重要文化財——山口縣提供

一門八家與四支藩

所謂「一門八家」，是指六個毛利支族，加上兩個永代家老的總稱。六個支族分別是：

三丘宍戶家（毛利元就女兒五龍姬嫁給宍戶家，其女亦嫁給毛利輝元為正室夫人）

右田毛利家（毛利元就第七子天野元政的子孫）

厚狹毛利家（毛利元就第八子末次元康的子孫）

吉敷毛利家（毛利元就第九子小早川秀包的子孫）

阿川毛利家（吉川元春第二子繁澤元氏的子孫）

大野毛利家（吉川廣家第三子毛利就賴的子孫）

兩個永代家老則是益田氏和福原氏。

四支藩分別是毛利秀元的長府藩、吉川廣家的岩國藩、毛利就隆（毛利輝元次子）的德山藩，以及毛利就知（毛利秀元第三子）的清末藩。長府和岩國是毛利輝元移封防長時分配給兩人的領地；德山藩則是按毛利輝元的意思，將宗家所轄領地內撥出下松一地給他寵愛的毛利就隆，後來藩廳從下松遷到德山；清末藩則是在萩第三代藩主毛利綱元時代，按毛利秀元遺言，自長府藩內撥出一萬石領地，給毛利就知作為支藩中的支藩，最初的藩名是長府新田，後來才改稱清末。

值得注意的是岩國藩。儘管德川幕府有意將它列為獨立的諸侯，可是在毛利家內部，它始終與右田毛利、厚狹毛利等一門重臣一樣，雖然有自己領地卻不屬於獨立的支藩。為此，岩國吉川家各代家督努力爭取獨立，更因家格問題的爭執與毛利宗家鬧不和，直到幕末征長戰爭時才冰釋前嫌。

第三章

躋身強藩的社會基礎

前面一章提到毛利家的領地縮減至防長兩國之後，生活一直捉襟見肘，不得不依賴商人借錢度日。為了解決經濟困境，各代藩主積極開拓財源，增加收入。例如第三代藩主毛利吉就治世之時，再度實行檢地，開鑿新崛川；第四代藩主毛利吉廣（毛利吉就的異母弟）同樣實行檢地，增徵酒稅。當時正值元祿盛世，盛行奢侈之風，造成開銷高漲，加上自然災害的侵襲，結果再多的收入也不敷使用，依舊債台高築。

到了第五代藩主毛利吉元[1]，財政狀況依然沒有改善。武士一方面是受供養階級，吃著藩俸度日，另一方面卻為身分制度所困，不得從事商賈、製造或農業活動去養活自己。

1 毛利吉元出身支藩長府藩。宗家毛利吉元、吉廣兩兄弟早死，也沒有子嗣，故此取長府藩子嗣繼承宗家。

為了生計，這些武士有的離開工作崗位回鄉謀生，有的秘密從事他們身分不許可的營利活動，有的甚至作奸犯科，損傷人命。太平的生活使武士精神逐漸淪喪。為了教育這些武士，提振士道，毛利吉元在享保四年（一七一九）興辦了藩校明倫館，培育人才。

明倫館校址設於萩城南方的城廓內。「明倫」之名出自《孟子．滕文公上》：「設為庠序學校以教之……皆所以明人倫也，人倫明於上，小民親於下。」意思就是設立學校，教育子弟文武之道、修身之道，在上位者應以身作則，守人倫之道，那麼下面的人自然會和睦相親。題名者是當時萩藩的大儒山縣周南，他是第四代藩主毛利吉廣的老師山縣良齋的兒子，幼年前往江戶遊學，拜入儒者荻生徂徠門下，學習古文辭學。學成歸國後獲得重用，擔任藩主侍講，陪同藩主往返江戶等等工作。在明倫館的創校過程中，山縣周南除了替學校命名，還制定儀式、校規、課程，更親自擔任講者，教授儒學。

明倫館除了教授儒學之外，還邀請學者教授兵學、劍術、弓術、槍術，真正兼修文武兩道。課程設計以十歲小童為授課對象，先授以儒學兵法，大約十五歲、體格強壯一點時，便開始練習武藝，直到四十歲。定每年正月十二日為學期之始，十二月十日期終。五句節、盂蘭盆會，以及萩城下的神社祭禮日為假期。七月停講儒學，九月停習諸武藝。內

現存的新明倫館正門——山口縣提供

容方面，每月除朔日、晦日休息外，共講授儒書十二日，兵書六日，武藝則幾乎每日皆習。而講授儒書兵書的日子，從早上八時開始上課，授課結束後便開始學習武術，在陽光下揮灑汗水。入學者基本上都是武士階層，但是町人和百姓若有興趣都可以臨校聽課，學校並不會拒之於門外。

校務方面，設學頭一名，相當於現在的大學校長，負責經營學校，督促學徒課業，主持春秋二次孔子祭，由儒者擔任；設本締役一名，處理校內大小事務；另設勘定役兩名，掌管每日收支狀況，保管器材用具等等；再從學徒之中，選出兩名負責管理書籍出納。學校的日常運作大抵如此。

學校的營運由藩政府全額資助，每年撥出五百石米作為經費，更提供助學金，幫助貧窮的學徒就學。看起來，與我們今天的大學一般無異。透過教育，既能讓無所事事的武士有了寄託，又能培育人才。幕末維新時期在政治舞台上大放異彩的人，例如高杉晉作、桂小五郎（木戶孝允）、井上馨、乃木希典等等，都曾就學於明倫館，可見學校教育影響之深遠。

明倫館在幕末時，從萩城內部遷移到城下町，新校舍座落在市中心，直到現在。部分校舍建築仍留存至今，開放參觀。

而毛利吉元文化政策的另一治績，就是《閥閱錄》的編纂。

明倫館創校的第二年（享保五年〔一七二〇〕），因接近毛利元就逝世一百五十年忌，毛利吉元有意藉著這個機會，重修家譜，並整理諸家臣的文書和系圖，補完毛利元就一生的歷史。他任命侍醫出身的家臣永田政純負責編修工作。

永田政純二話不說便接下了這項艱巨任務。在此之前，藩政府既已編纂史書，記錄家族歷史，但資料多有闕如和錯漏，因此才需要補充。然而僅是毛利家本身的記錄並不足夠，還得調查其他家族的記錄才能除錯補缺，還原真實的歷史。永田政純要求所有武士同僚，包括毛利一門、家老、寄組（重臣）、大組（藩主直屬家臣）、遠近附（中士階層）、無給通（沒有領地的下士）等等，呈交他們家藏文書和判物的謄本，不管年代多久遠，統統都要徵用。除了武士階層以外，其他侍奉藩主的側近家臣，包括茶人、儒者、藝人、醫生，甚至寺社人員、足輕、船手、武術家、繪師、工匠、町人、百姓，都在永田政純的調查範圍之內，就只差農民沒有調查而已。

單是看這樣廣闊的調查範圍，便知永田政純的修史工作實是求是，一絲不苟。寶曆四年（一七五四）儒者山根清謹為逝世的永田政純撰寫墓碑文，其中寫道：「洞春公（毛利元就）之伯也近矣，然軍謀密策，當其世猶知焉者鮮矣，且戰國乏正史，族重門閥，人誇餘勇，茂勳奇功，以虛為實，竊掠他美，為己之有，故軍談戰記，載巷說而行乃不尠，假令吾能言之，據何折衷，於是乎發秘庫，閱群籍，旁徵士大夫之家所蓄系譜家牒，而猶不足焉，偏搜邦內名山古洞，以至舊邦群國及京師，諾樂（奈良），伊勢，高野祠剎之所藏，悉網羅之，蒐而鳩焉，補苴缺失，是正紕繆，考覈緝綴，殆無遺功，書成進之若干卷，先候覽而稱善，賞賜許多，間燕召君讀古記，乃以為溫國故之益，若或疑難，則進對詳審，剖蠶絲，析牛毛，便便言唯謹爾，齡逾七旬，屢乞骸骨，然以矍鑠能堪職而不允，寶曆癸酉（寶曆三年〔一七五三〕）致仕，凡在官殆六十年，未嘗一日寧居矣……」更可見工作之艱巨，耗費了他一生的精力。永田政純將所得資料，包括書信、感狀、讓渡狀等等，按調查對象的身分分類，並在每一冊後面，添上該家族的系譜。費時六年，終於享保十一年（一七二六）完成。《閥閱錄》共有一百七十卷，涵蓋一千一百二十四家。

永田政純的編纂工作，開啟了藩修史籍的先河。《閥閱錄》完成後，他還奉命編修《江氏家譜》和《新裁軍記》，兩者都是浩瀚巨著，完成時永田政純已過古稀之年。他死後直到幕末的一百年間，藩政府延續永田政純的工作，收攬更多家族的系譜和文書，陸續增補《閥閱錄》的內容。昭和四十二年（一九六七）這部巨著終於獲山口縣文書館刊印面世，為研究毛利家歷史不可或缺的重要史料。

毛利吉元的文治事業十分成功，尤其辦學方面，培育相當多的人才，以後各代家督都能秉承文治政策，為改善藩政和推動維新作出極大貢獻。

接著我們回到最根本的問題，來看看第七代藩主毛利重就在財政方面的改革。

毛利吉元於享保十六年（一七三一）病逝，而他的繼任者，即第六代藩主毛利宗廣在二十年後的寶曆元年（一七五一）去世，由於生前沒有子嗣，便請來出身長府藩的毛利重就繼承了宗家的家督之位，是為第七代藩主。

如果說毛利元就是整個毛利家族的中興之主，那麼毛利重就便是江戶時期萩藩的中興之主。

毛利吉元除了興辦學校培育人才，還實行減薪和儉約令，在他死前，成功將藩債從五萬貫銀降至一萬五千貫銀。不過到了毛利宗廣治世初期，復遭遇嚴重的蝗害和水災，災害損害農作物，直接導致收入大減，加深了財政危機。藩政府不得不向商人借款，前債剛還，新債又起，可謂泥足深陷，無法自拔。

到毛利重就接任之時，財政狀況已經非常嚴峻。他在任初期推出了各項措施，包括削減人手、改善地方行政、提高馳走米份額、利用豪商籌措資源等等，可是成效有限。負責財政改革的重臣有的瀆職遭處分，有的不堪壓力提出辭呈。總之財政問題是個燙手山芋，不容易解決。

這個時候，當職[2]毛利廣定（毛利重就的胞兄）召集了部屬高洲就忠和已經隱居的老臣坂時存商議計策。高洲氏原是備後有力國人，在毛利元就時代歸屬毛利家，入萩時序列大組家臣[3]，但到毛利重就這一代，因家道中落，失去知行地而靠藩政府給予扶持米（類似今天的援助金）過活。而高洲就忠因為勤奮和才幹出眾，獲藩主重用，擢升為當職裏判役，即隸屬當職，負責監查文書和帳簿；坂時存則是經驗豐富的老臣，年輕時擔任過代官、郡奉行、藏元役（管理米銀出納、購買物資、土木工程的會計工作）、當職手元役（庶務監督），行政經驗豐富。而現在他已經八十歲了，過著退休生活安享晚年。

這三人都有匡扶藩國的決心。高洲就忠和坂時存調查和梳理了導致財政赤字的原因，各自上書藩主提出改革建議。

高洲就忠提出削減開支：將藩政府的經費削減一成，江戶藩邸的開支削減百分之十五，往返江戶的旅費削減百分之二十六，此外，開除冗員，延長就役年數，沒收不繳交馳走米家臣的知行地等等。想當然耳，這些措施過於強硬，損害家臣的利益，必然招致家臣的不滿，但毛利重就接納了高洲就忠的建議，並委任高洲就忠負責。

另一方面，坂時存的建議主要是充實儲備米銀，開發新田，建設港口這三方面，也獲毛利重就批准。

高洲就忠和坂時存的改革方針，一個節流，一個開源，猶如車之兩輪，同時運轉。毛利重就於是撰文通告諸家臣，先斥責他們只顧自己利益，不願為改善藩政出一分力，現在大難當前，必須實行改革，藩主以身作則，自行儉約，願家臣以藩的存亡為重，克勤克儉，共渡時艱。

毛利重就成立了一個改革小組，稱為「御前仕組方」，並將辦公室設在城內獅子廊下，審議改革工作。又設「撫育方」部門專門負責改革工作，由身兼多職的高洲就忠擔任總指揮（坂時存在此後不久便去世），布施光貞、都野祥正兩人為頭人（頭目、長官），三戶基芳為本締役（類似現今的行政總裁），並提拔地方上有能的官吏，例如村田為之、佐佐木滿令、吉田房鄉等人參與改革工作。

藩政府首先在寶曆十一年（一七六一）實行檢地，第二年秋季完成，將新檢出土地收益的六成，撥入新設的撫育方部門。

2 藩政府首席行政人員，代替藩主處理日常政務，別稱「代官（役）」、「防長仕置役」或「國相」。
3 大組屬於上級家臣，日後高杉晉作、井上馨等人也是大組家臣出身。

所謂撫育方，是藩政府由新田收益、自別的政府部門抽調資金注資成立的特別獨立基金，再加上從支藩購回的土地作為資本，由藩主指定的家臣管理，專門用作投資、開發。簡而言之，就是將能賺錢的業務都交給撫育方經營。由於撫育方直屬藩主，帳簿並不公開，所以無從得知撫育方的損益。這個獨立帳戶，直到幕末仍在運作，是倒幕運動的資金來源。

其次便是開設港口。之前坂時存的建議書上，提及到財政赤字的原因在於良港都在支藩領內——長府藩有赤間關，岩國有柳井津，但萩藩領內卻沒有港口。於是毛利重就選定赤間關西鄰的伊崎新地作為新港口，但伊崎也是長府藩的領地，藩政府只好出錢將伊崎新地「贖回」，並交由撫育方與萩町人梅屋吉右衛門合資興建港口。

伊崎新港口在明和五年（一七六八）完成。新港町建有會所、倉庫、居住的長屋、茶屋、酒場等設施，已具一定規模。當時赤間關是全國運輸航路的匯流之地，各地來往山陰、北國、九州、瀨戶內和京畿的商船都會途經該處，因此數百年來商貿繁榮。此時伊崎新港投入運作，吸引商船停靠，商船停靠自然有人員和物資流動，遂形成一個新市場，連帶周邊地區也活絡起來。幕末時期出資援助奇兵隊的豪商白石正一郎，便是出身於伊崎附近的竹崎，伊崎開港時，竹崎還只是一個小漁村，僅一百年時間白石家便累積了雄厚的資本，可見當時船運業之蓬勃。

隨著新港口開始運作，藩政府更開設了越荷方部門，提供倉儲和短期借貸服務。伊崎新地的倉庫，可讓來往商船先將貨物存入倉庫，待商隊與外地買家洽談好價錢後，再回來取出貨物，越荷方從中收取倉儲費用，又或者借錢給商隊讓他們周轉，若干時間後償還，越荷方從中收取利息作為利潤。有了這個中繼港，商船便可將未及賣出的貨物存倉，騰出一些空間裝載其他貨物進行短途交易，或縮短從本國運送到買家手上的航程，藩政府亦可從中賺錢，互惠互利。

除了運輸、倉儲和借貸業外，藩政府更積極開發鹽田。當時三田尻（現今山口縣防府市，又稱中關）有幾個廣闊的鹽濱，有些尚待開發，撫育方便買下這些鹽濱，僱人前來開發鹽田。那時三田尻數全國第二大鹽產地，僅次於播磨赤穗，鹽田的產量可達至每年三十萬石。為銷售計，撫育方在三田尻每個鹽濱各設年寄一名，統率所屬鹽戶，管理鹽田的開發和繳納，在各年寄之上設大年寄一名，統率所有年寄。此外，又開設大會所，類似行會，由大年寄坐鎮，外地商人想要買鹽，必須透過大會所購入，各年寄不得直接與外商交易，否則按律懲處。外商將購買量告知大會所，再由大會所向轄下各年寄調度出貨。

鹽田的開發相當成功，三田尻所產的鹽銷售日本各地，遠近馳名。不只引來長府和岩國兩藩仿傚，瀨戶內海沿岸各藩，見鹽業有利可圖，也爭相開發，導致產量過剩，有損鹽戶生計。經各地鹽戶協商，採用「三八替持之法」，即規定每年三月到八月為製鹽時間，其餘時間不得生產，而且各鹽濱必須隔日休業。如此一來，各地鹽戶都能避免過度生產，利潤得以提高。

除了製鹽，米、紙、蠟三業也在撫育方的經營之下得到長足發展，這四種產品品質優良，馳名日本國內，而且都是白色，故此世稱「防長四白」[4]。藩政府獎勵百姓生產，加上港口和航路發展，「防長四白」逐漸成為長州藩的核心產業。幕末時期撫育方增撥資金廣設廠房，大力提升生產量，直到明治維新才結束。

毛利重就死於寬政元年（一七八九），享年六十五歲。他死後，撫育方仍持續運作，支撐著長州藩的發展。

4 製蠟是江戶時代才興起的行業，以前只稱鹽、米、紙為「防長三白」。

教育縣山口

其實落成於享保四年（一七一九）的明倫館並不是萩藩第一所學校，早在寬永五年（一六二八）右田毛利家便已開設學校時觀園，教育領內子弟。上述替明倫館制訂校規和擔任講師的山縣周南及其父山縣良齋，便是右田出身的大儒。

繼右田的時觀園和萩的明倫館之後，各地陸續開設官校，按次序先後，計有益田家的育英館（享保二十年〔一七三五〕）、阿川毛利家的時習館（寶曆三年〔一七五三〕）、德山藩的鳴鳳館（天明五年〔一七八五〕）、清末藩的育英館（天明七年〔一七八七〕）、長府藩的敬業館（寬政四年〔一七九二〕）、厚狹毛利家的朝陽館（享和二年〔一八〇二〕）、吉敷毛利家的憲章館（文化二年〔一八〇五〕）、大野毛利家的弘道館（文化十一年〔一八一四〕）、岩國吉川家的養老館（弘化四年〔一八四七〕）等等。

各地民間開辦的寺子屋[5]更是多如牛毛。據明治年間的統計（年代不明），山

5 讓平民子弟接受教育的民間設施，相當於私塾。

口縣寺子屋數量達一千三百零四間，在全日本排名第二，僅次於長野縣，略高於岡山縣。單就西日本而言，山口縣就是第一了。

提到教育，自然不能不談吉田松陰，他的事跡留待第六章再續。

第四章

天保一揆與村田清風

毛利重就創設了撫育方這個秘密基金，用作投資經營，的確累積了一筆可觀的資本，不過這是從藩政府的所帶方（一般收支帳戶）、寶藏銀（儲備帳戶）和其他資產撥過來支撐著營運的，雖然也有從撫育方償還給所帶方的記錄，但是基本上都是從上述帳戶單方向注資到撫育方。撫育方的興盛，意味著所帶方和寶藏銀的減少，藩政府的債務也逐日累增。到天保初年，藩的負債已高達八萬貫銀，而沉重債務負擔自然會轉嫁到下級官僚和百姓身上。

由於政府獨佔貿易權，低價從百姓手上買入的產品將透過會所高價賣出，從中獲利，而從外地進口的各種物品，經過藩政府的操作，價格亦被抬高，非一般百姓可負擔。於是從事生產的百姓不但沾不到半點利益，還得承受物資匱乏和物價高騰的惡果，加上時常遭受颱風、洪水等天災侵襲，生活愈來愈貧苦。百姓對政府的不滿日漸升溫，一觸即發。

天保二年（一八三一）七月二十六日晚上，吉敷郡小鯖村（位於現今山口縣山口市東部）終於爆發了一宗官民衝突。

當時瀨戶內海沿岸地區的農村都有一種迷信，在秋季結穗期間，若帶著牛馬動物的皮經過田地，便會引起大風，當年必定會歉收。這在今日看來雖是無稽之談，但當時人人深信不疑。每年夏天，農民都會自發性地在各地交通要點設置「皮番所」，檢查過路人的行李，連藩政府也立下了不成文禁令，三月到九月期間禁止任何人攜帶皮革路過。

但是七月二十六日當晚，有個叫做石見屋嘉右衛門的商人和他的兩名侍從，從萩返回家鄉三田尻，路經小鯖村觀音原，被當地皮番所攔查，發現石見屋的駕籠和貨物的包裝，皆以朝鮮犬的皮包裹，當地農民大怒，將石見屋等三人押送到三田尻的光宗寺進行盤問，石見屋等人供稱是要做買賣，但農民不買帳。愈來愈多農民聚集在一起，蜂擁到中關，砸毀石見屋的住宅，接著一眾農民分成兩隊，一隊前往小郡，一隊亂入山口。

無獨有偶，同日在吉敷郡丸尾港（位於現今山口縣宇部市）也有類似事件。薩摩某商人從安藝某處訂購了牛骨，託船長運送到薩摩，但七月二十六日當日颳起大風，船隻停靠在丸尾港避風，待風息了再出發，三天後的晚上，當地農民突襲商船。這宗事件的當事人並沒有攜帶皮革，也沒有走到田間，卻成為襲擊對象。可見這不只是犯了禁忌的問題，而是有所訴求、藉機生事。

兩批農民起事後，各地農民紛紛響應，一時間蔓延到防長各地。他們到處流竄，沿路打劫、縱火，遭波及的房屋數以百計，受害的多是米商、油商、會所等等商家。藩政府察覺事態嚴重，下令各地方代官與農民談判，想辦法平息事件。農民提出的要求，主要是固定稅率，以及廢除定期市場、米入札（用流通度低的藩札收購糧食）、小富（類似今日的樂透）、相場所（產物會所）等掠奪民富的政策、停止對農民徵收馳走米、免除茶桑等作物稅、允許米穀和作物自由買賣等等五十多項。經多番談判後，官方終於向農民妥協。農民一揆運動直到十一月才完全平息，史稱「防長大一揆」，或「天保一揆」。

然而政府的承諾並沒有徹底實行，百姓的生活依然不見改善。不過農民一揆運動總算狠狠地摑了藩政府一巴掌，它告訴藩政府，要是把農民逼到牆角的話，他們是會群起反抗的。為免農民再次騷亂，藩政府打算推出措施紓解民困。

天保七年（一八三六）萩藩第十一代藩主毛利齊元（第十代毛利齊熙之弟）死後，年輕的第十二代齊廣（毛利齊熙第二子）繼任不足一個月也離世了，由毛利齊元長子毛利慶親繼任家督。

正好那個時候，日本全國各地受大飢饉所苦，米價暴漲，到處都有騷動，著名的大鹽平八郎之亂[1]就是在這時候發生。幕府也有意實行財政改革，穩定人心。因此老中水野忠邦推行緊縮政策，包括整肅綱紀、限制町民娛樂、禁止奢侈浪費、強制城中農民返鄉、改鑄貨幣、打擊商人壟斷、推行措施幫助貧困的下層官僚等等。這一系列改革，史稱「天保改革」。水野忠邦的原意是希望提升生產力，抑制物價，不過他推出的措施並沒有改善到人們的生活品質，反而使財政惡化，幕府內部以及士農工商各階層無一不對新政反感，結果水野忠邦眾叛親離，被迫下台，改革宣告失敗。

全國藩鎮也都在此時推行改革，挽救財政危機。比較成功的要數長州、薩摩、佐賀和土佐藩，他們運用各種方法扭轉劣勢，與幕府的失敗形成強烈對比。這四藩是日後明治維新的中堅力量，他們的實力便是在這時候打下基礎的。

毛利慶親繼任家督的時候正在江戶參勤，當時萩藩因為各種喜慶喪弔和天災人禍，支出龐大[2]，實際負債已超過九萬貫銀（撫育方損益不計算在內），改革刻不容緩。於是從萩召來當職益田元宣前來江戶，一同商議改革計劃。第二年（天保九年〔一八三八〕）毛利慶親完成參勤，返回長州，便開始實行改革。

他成立改革小組，挑選家臣負責改革工作，其中一位叫做村田清風，他的爺爺便是前一章我們提到撫育方成立時的組員之一村田為之。村田清風承繼了祖父的才幹，少年時在明倫館學習，成績便十分優秀，長大後歷任政府多個重要職位，三十七歲時（文政二年〔一八一九〕）擔任撫育方長官，重操祖父故業。天保一揆後，村田清風升任當役用談役[3]，是實務官僚的最高級職位，對藩政方針有很強的影響力。

差不多二十年後，毛利慶親繼任家督時，村田清風獲委任為地江戶仕組掛，「地」即

---

1 大鹽平八郎之亂發生於天保八年（一八三七）的大坂。大鹽平八郎出身大坂一個下級武士家庭，世襲東町奉行組與力的職務，同時也是陽明學者。因為看不過政府和城市富商囤積大米，要求他們賑濟災民不果，憤而聚眾起事，卻因叛徒告密而被迫提早舉兵。但是起義軍與官軍實力懸殊，很快就被鎮壓。

2 前代藩主毛利齊廣娶了將軍德川家齊的女兒和姬為妻，婚禮極盡奢華，而德川家齊共有五十二名子女，單是婚宴和每年給母方親戚的祝賀用品便耗費龐大費用；天保七年（一八三六）前藩主毛利齊熙、毛利齊元以及毛利齊廣相繼去世，葬儀浩大，又是一筆費用；加上長年水患破壞農田，使收成嚴重減少，長州藩財政頓時陷入極大危機。

3 當役是隨同藩主到江戶參勤的側近人，地位與當職相同，用談役則是藩主的顧問。

是本藩、萩的意思，換句話說，地江戶仕組掛是萩和江戶的改革小組最高負責人。

村田清風的其中一個任務當然是改善財政。他的改革順應當時幕府理財方針，即以儉約為先，主張量入為出，具體政策則主要有擴充越荷方業務，提高收入。債務方面，他與藩主毛利慶親以身作則，帶頭節儉，僅兩年時間便償還了六千七百貫銀，其餘的債項則向債主爭取其中一半以無息償還。而村田清風的與眾不同之處，在於敢向所有藩士公開藩政府的收支帳目，藩政府從哪裡借錢，用在哪裡，一目了然；另一方面提拔有才幹的下級武士，聽取他們的意見。這一點十分重要，因為藩政從來是上層家臣的玩意，現在開放仕門，讓有才能的下級武士能夠盡展所長，不致被身分制度埋沒，而且透過讓他們參與政治，更能激發他們報效藩政府的忠誠心。日後吉田松陰提出的草莽崛起論，可說是村田清風人才政策的延伸。

村田清風另一個任務就是改革軍事。

長州位於本州西端，三面環海，與亞洲大陸和朝鮮半島僅有一水之隔，因此即使幕府實行鎖國政策，仍偶爾有不明就裡的外國船隻前來停靠，也因為鄰近唯一的貿易港口長崎，所以長州較幕府和東方的藩鎮更容易獲得海外情報。毛利慶親繼任家督沒多久，大清與英國即爆發鴉片戰爭，堂堂天朝大國遭遇慘敗，被迫簽訂不平等條約。這些消息很快地便傳到日本。

事實上，在鴉片戰爭之前，英法兩國的船隻就已頻頻出沒在琉球群島，俄羅斯更多次出入北海道，甚至曾前往江戶要求通商，因此日本人對外國人的事情並非一無所知。與大陸一衣帶水的長州，自然擔心西方列強會依樣畫葫蘆入侵日本。一旦西方列強對日本動武，恐怕長州將首當其衝，而且無可抵抗。為了應付外敵，必須改善和充實軍備，才不會任人魚肉。

天保十四年（一八四三）四月一日，藩政府在萩城東面郊外寬闊的羽賀台舉行軍事大演練，演練新研發的「神器陣」。那是村田清風在大約三十年前，參考明朝趙士禎《神器譜》所載有關火槍戰術的內容創出的新陣法。這個陣法以炮車為中心，大炮周圍配備洋槍隊，在最外圍配置足輕。對陣之時，由大炮率先發動攻擊，然後由洋槍隊射擊，最後由足輕拿著刀槍在瀰漫煙霧中衝擊敵陣。為了掌握洋槍的應用，他預先派遣部下前往江戶，向專家高島秋帆學習西洋炮術，並邀請高島秋帆的弟子山本清太郎來萩教授炮術。幾十年來村田清風和他的團隊，不斷學習、試驗、失敗、改良，才制定出「神器陣」來。

羽賀台大演練那一天，參與演習者共有三萬四千多人，調動大量馬匹輜重，非常大陣仗。藩主毛利慶親親自閱兵，演習十分成功。

就像古今中外各種政治革新一樣，總會受到既得利益者的阻撓，村田清風的改革也不能例外。就以神器陣來說，因為新陣法是以大炮和洋槍為中心，如果以後沿用這套陣法，刀槍劍戟將失去用武之地，那些靠武藝維生的武術教頭便會被淘汰，可想而知他們並不會歡迎這個改革。此外，還有同一年推出的「三十七年賦皆濟仕法」，免除武士向藩政府的借債，至於武士向商人的私借，則由藩政府代為償還，藩政府每年向商人償還利息，本金則分成三十七年攤還。但三十七年太長了，對商人來說與賴賬無異，因此遭到商人和政敵聯手反對。隔年的弘化元年（一八四四）村田清風因為中風，便交棒給他的部下坪井九右衛門接手。但是坪井九右衛門的改革卻一反村田清風的方針，改抑商為重商，關於這一點我們留待第十一章討論。

雖然村田清風未能徹底實行改革，但是至少為萩藩舒緩了債務問題。他的作風頗受後輩尊敬，像後來成為首席家臣的周布政之助（他的母親出自村田氏，是村田清風的近親），就在這時候與志同道合的同僚組織社團「嚶鳴社」，討論時政。幕末時期長州藩的飛躍，可說由此而起。

村田清風休養過後，專注寫書，著有《海防系口》、《病翁寢言》等作品，並建設學校教育子弟。後來中風復發，死於安政二年（一八五五），享年七十三歲。

萩藩家臣團架構

在財政困局中，有才幹的藩主往往敢於打破門閥制度，從下級家臣中拔擢人才，讓他們主導改革。

第三章提到永田政純編纂《閥閲錄》時，要求所有家臣提交文書記錄，當中包括寄組、大組、無給通等等名字，到底毛利家家臣團結構是怎樣的？以下根據大正年間時山彌八寫成的《もりのしげり》之「舊長藩士卒階級一覽表」，說明當時家臣團的組成。

前文提過毛利家臣團中的最高層為四支藩和「一門八家」，分別是六個毛利一族和永代家老益田、福原兩氏；「一門八家」以下，是稱為「寄組」的重臣階級，祿高由六千二百石至一萬石不等，他們可以擔任當職、當役等等重要職位，也擁有自己的家臣團，堅田、粟屋、山內、志道等等從室町戰國時代便仕奉毛利家的譜代重臣便屬於這一階層；「寄組」以下依次是「手迴組」和「物頭組」，分別負責藩主側近事務和接待他藩人士，由其他各層家臣組成，並非世襲身分；「物頭組」以下是「大組」家臣，祿高由四十石至一千六百石不等，是萩藩家臣團主要成員，共分成八組，其中兩組輪番隨藩主到江戶參勤，其餘六組留在萩擔任警護工作。村田清風、高杉晉作、桂小五郎、井上馨便是大組家庭出身。

次於「大組」的是「船手組」，主要由三田尻的水軍構成，由屬於寄組的村上氏統轄；「船手組」之後是「遠近附」，職務不詳；接著是「寺社組」，儒者、醫生、畫家、狂言師等等以技藝服侍於藩政府的人，都歸入此類，由寺社統轄。吉田松陰的高足弟子久坂玄瑞，便是出身於寺社組家庭。

「寺社組」以下是「無給通」，為士族的最下等，沒有俸給，靠自力供養，但幕末時偶有因才能出眾而成為手迴組的成員。吉田松陰的本家（杉家）便屬於無給通；與「無給通」同等的還有鷹匠、船頭、徒士、陣僧、三十人通等等，他們都處在士族的最低層。

再往下推，就不屬於士族了。計有士雇、足輕、檢斷（劊子手）、各種技工、僕役等等凡五十種，這些人當中偶爾因功晉升為士雇，即獲得準士族待遇，但僅限一代而止。可見封建階級壁壘森嚴，牢不可破。明治維新打破了封建士族的身分藩籬，倒是它的一項正面意義。

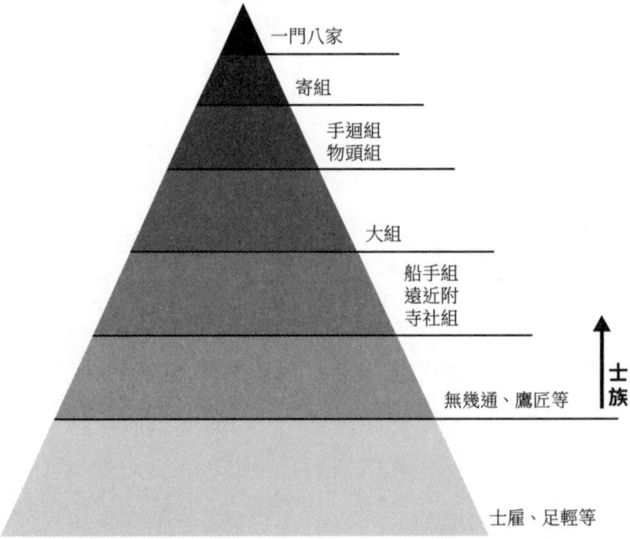

毛利家家臣團階級架構

第五章

黑船來航的衝擊

村田清風下台後，藩政府繼續加強海防，包括在藩內沿岸建設炮台、狼煙台，甚至派遣藩兵駐守孤懸萩城北方海上的見島，以免落入外國船艦之手。

過了幾年，預想中的大敵並沒有現身長州，卻出現在幕府的大本營江戶。嘉永六年（一八五三）六月三日，美國東印度艦隊司令官培里准將率領四艘船艦闖入江戶灣，震驚了百萬江戶人，世稱「黑船來航」。一般歷史書籍，都以黑船來航作為幕末的起點。這種論述，彷彿在說培里艦隊來航之前日本是個碧海無波、與世無爭的國度，是培里打破了日本的靜謐。

然而事實並非如此。

前一章我們提到，英國、法國、美國和俄羅斯船隻早就頻頻出入日本海域，與日本人打交道。俄羅斯更因為多次要求通商不果，早在文化三年（一八〇六）與日本爆發衝突，俄軍襲擊松前藩在樺太的番所，第二年俄軍攻擊擇足島上的幕府軍隊，北方諸藩聯合抗敵，史稱「文化露寇」[1]。國境內日漸增加的外國船隻迫使幕府在文政八年（一八二五）發布「異國船打払令」，命令各藩遇上外國船隻必須不問來由將其擊退。但是幕府的攘夷政策阻止不了外國船隻繼續來日。美國在天保八年（一八三七）和弘化二年（一八四五）藉遣返日本漂流民的機會來到日本要求通商，被幕府打發回去。至於法國，則在弘化元年（一八四四）前往琉球要求開國，當時幕府老中阿部正弘認為琉球是薩摩藩屬地，便擺出一副事不關己的樣子，交由島津齊彬自行處理。同一年，唯一與日本通商的西方國家荷蘭，致書給幕府，勸說日本順應時勢，早日開國。

總而言之，幕府並不是在黑船來航的時候才著慌，他們很早就有應對外國人的經驗，對世界大事有所認識，甚至事先已從荷蘭的《別段風說書》[2]得知培里艦隊來航的情報，只不過這一次美國艦隊態度比以往更強硬，不理勸告硬闖江戶灣兼以武力恫嚇，才給人一種倉皇失措的錯覺而已。

那時候身在江戶浦賀目睹黑船來航的長州人，是吉田松陰。當時吉田松陰得到藩政府許可，休假十年到全日本各地遊歷修行，他回到江戶小歇的時候正好遇上黑船來航，在聽到消息後，立刻跑去找他的老師佐久間象山（松代藩士），相約一起去看黑船，但佐久間象山早他一步出發前往浦賀了，於是吉田松陰馬上去找船，可是遲遲等不到船，直到第二天（六月四日）半夜才找到船，不過沒有遇上順風，船一直在近海打轉，後來乾脆棄船上陸，走了一程又從野島坐船到大津，再從大津步行到浦賀，抵達時已是晚上十時。那裡聚集了聞風而來的各地藩士，他們都想見識黑船的威風。吉田松陰和各地藩士們交換意見，並記錄黑船的資料，寫進他的日記裡。

培里來航的目的，是要向日本政府呈上國書，要求日本開放通商、允許補給物資和援助漂流民，幕府派遣奉行所與力（相當於奉行的助手）前往接收國書，但培里以與力職階太低為由，要求幕府派更高級的官員來。幕府高層商討對策，沒有即時答覆培里，於是培里逕自派出小艇，測量江戶灣地勢，引起江戶恐慌。直到六月九日，幕府才邀請培里上

1　「露」是日本人對俄羅斯的簡稱，相當於中文中對「羅剎國」的簡稱「羅」字。
2　每年一刊的世界新聞情報書。

岸，由奉行接見並收下國書。培里完成了總統交託給他的任務，離開前告訴奉行，他們來年春天會再度前來江戶聽取幕府的答覆。

吉田松陰對培里的強硬態度相當憤慨，據他寫給友人肥後藩士宮部鼎藏的書信中提到「我國歷史悠長，卻要向美國這個新興國家卑躬屈膝，實在悲憤難名。我聽說他們（培里艦隊）明年會再來，到時候要讓他們嚐嚐被日本刀砍殺的滋味！」言辭間流露出強烈的攘夷決心。當時吉田松陰才二十四歲，血氣方剛，前些年才為了幫助他藩朋友報仇，不等藩政府批准便擅自出走，因此遭藩政府以脫藩罪追究，被剝奪士藉。他這種行徑不只影響他自己，還屢影響到家人，而他依然故我，不知收斂。

黑船來航震撼著吉田松陰的心靈。事後吉田松陰聽取佐久間象山的建議，發奮學習西洋事物，甚至希望前往外國增廣見聞，佐久間象山也上書建議幕府派遣官僚到外國學習新事物，可惜被幕府拒絕。當時從美國歸來的漂流民中濱萬次郎獲幕府赦免，並受聘為翻譯人員，受他的際遇所啟發，佐久間象山想到秘密出國，再偽裝成漂流民回來的法子，他鼓勵吉田松陰出國，除了覺得他具備才器和膽識外，還因為他現在仍是浪人之身，行動比較自由，倘若學成歸來，說不定可以取回士籍、獲得重用。之後不到兩個月，俄羅斯海軍中將普提雅廷率領艦隊駛往長崎，吉田松陰便打算拉著他的同鄉金子重輔一起登上俄艦，可是他們從江戶抵達長崎的時候，俄艦已經離開了，兩人撲了一場空。

當時日本還沒解除鎖國政策，國民是不得離開日本的，一旦被發現便是死罪，也會牽連到家人和所屬的藩。不過吉田松陰出國的心意十分堅定，為了出國，他不惜再次犯禁。隔年的嘉永七年（一八五四）一月，培里艦隊再度來日，與幕府簽訂《日米和親條約》[3]，根據條約內容，日本開放伊豆下田和北海道箱館為通商口岸。培里簽約完成後便把艦隊駛向伊豆下田，吉田松陰和金子重輔二人也就追到下田，在三月二十八日早上盜了一艘小船，登上美國其中一艘艦船，請求船長帶同二人回去美國，但美方表示剛與日本簽署友好條約，不便為了二人破壞日本的規矩，遂將他們趕下船。二人回到陸地後，便向附近的役所自首，沒多久就被送入牢獄。

吉田松陰固然是個極端的例子，但是他的故事正好反映了一部分日本人對於黑船來航事件的想法。他們對外國事物既有畏懼，亦有好奇，既想抗拒，又想學習。有些人只是單

3 「米」是日本人對美國的簡稱，相當於中文中對「美利堅」的簡稱「美」字。

純討厭外國人，想把外國人驅逐出去；有些頭腦清晰的賢明之士，明白盲目攘夷只會得不償失，應該努力學習外國事物，增強自己的實力，再與外國爭一日長短。據說吉田松陰在江戶坐牢的時候，獄卒和其他囚犯都為吉田松陰的勇敢行為所折服，對吉田松陰禮遇有加，可是有個僧人嘲諷他，既然上了外國人的船，卻不殺他幾個外國人，反而搖尾乞憐請求對方送回岸上，有什麼值得可憐的！吉田松陰竟無言以對。這則故事說明了人們對外國人的不同看法，雖然都是以攘夷為目的，但採取的手段卻不盡相同。

在長州人眼中，幕府與培里簽署條約，等於對美國卑躬屈膝。但事實是否如此呢？據學者研究，幕府與培里團隊的交涉，雖然從結果來看是一份不平等條約，也存在一些欺騙成分，但幕府與美國交涉時據理力爭，過程毫不失禮。這可能是當時消息不靈通，對交涉過程不明就裡的人對幕府胡亂抨擊而已。事後幕府立即祭出了明智和進取的應對之策，包括對國內諸藩解除造船禁令（嘉永七年〔一八五四〕），以及開設長崎海軍傳習所（安政二年〔一八五五〕）等措施。

開明的幕府老中阿部正弘聽取各雄藩的意見，解除建造大型船舶的禁令，藉由諸藩的力量，分擔海防重責。可是造船所費不貲，只有財力雄厚的藩鎮才造得起大船。而海防本

《丙辰丸之圖》——山口縣文書館所藏

來就是萩藩的基本政策，禁令解除之後，幕府建議萩藩製造西式艦船，但萩藩沒有這個技術，適逢幕府在伊豆戶田村自行建造了西式帆船君澤丸，萩藩便派遣船大工尾崎小右衛門前往戶田村，學習造船技術和航海術。

安政三年（一八五六）四月，尾崎小右衛門學成歸萩，藩政府便著手造船。新船以幕府的君澤丸為藍本，全長約二十五公尺，寬六公尺，排水量四十七噸；豎有兩條帆柱，船首和左右兩舷各配有大炮。新船在同年十二月建成下水，因該年干支為丙辰，故此將新船命名為丙辰丸。這是萩藩第一艘西式船艦，雖然規模與美國的蒸汽船相差甚遠，但是在日本國內已經是最先進的戰力，它將在倒幕戰爭中派上用場。

除了造船，幕府還在長崎開設海軍訓練基地，稱為海軍傳習所，聘請荷蘭教官，不僅傳授軍學、操船術，還有醫學、物理學、化學等西洋知識。幕府派出官僚，並邀請各藩子弟到海軍傳習所學習。萩藩派出松島剛藏等五人前往長崎受業。當時萩藩在新明倫館內新設了西洋學所，傳授炮術、先進器械運用的知識，松島剛藏就是該學所的師範。順帶一提，松島剛藏的弟弟是吉田松陰的妹夫小田村伊之助（後來的楫取素彥），即NHK大河劇《花燃》女主角杉文的第二任丈夫。

萩藩自己也積極開辦新的學館、新的課程。例如安政五年（一八五八）在新明倫館內開設博習堂，專門傳授西方軍事知識，並分海陸兩科，引進兵學、理學、分析學、地理學、數學和天文學。同樣設在新明倫館內的好生館，它的前身是醫學所，除了原本的西洋醫學，還加設洋書（關於外語和各類醫學的原文書、翻譯書）、漢醫學（醫經、經方）、諸科（本草、產科、啞科）等課程。這些課程的導師，都是從長崎海軍傳習所的畢業學員中挑選出來。

透過自上而下的教育，下層武士有了接觸外國知識的機會，同時也將黑船來航的衝擊推到低下階層，撞出了幕末的血雨腥風。

新明倫館

毛利吉元時代創辦的明倫館，原本設在萩城內，以武士階層為主要教學對象。時移勢易，知識日新月異，開辦的課程愈來愈多，加上教育的普及，校館愈見狹窄。於是藩政府決定在城外另覓一地興建新校舍。

校址選在城外市中心的江向，即是現在萩市役所的對面。新館在嘉永二年（一八四九）落成，佔地一萬五千多坪，校舍中央設有聖廟拜祭孔子，旁邊加建有備館，作為武術練習場，據說土佐的坂本龍馬訪萩時，曾在有備館跟人比試。擴大之後的校舍，提供更多空間開辦新課程，也因為地處市中心，方便市內各區的民眾上學。據資料記載，嘉永年間的學徒就有千人之眾。

新明倫館落成後由山縣太華出任學頭，他是第三章提到為明倫館命名的大儒山縣周南的後裔。山縣周南時代徂徠學是明倫館的學術主流，直到山縣太華這一代，改宗朱子學，放棄徂徠學那種從古籍經典中尋章摘句的作風，主張明確君臣之分，以正人倫，一時間引領學術風潮，各地儒者大多轉投朱子學懷抱。他還制定新的校規，許多地方官校也跟隨新明倫館的做法。

當時藩校以外，也有不少知識分子獨立辦學，最著名的有月性和吉田松陰，幾與明倫館分庭抗禮。下一章將會討論這兩位大教育家。

新明倫館的槍劍道場「有備館」，橫匾上題字的「他國修行者引場」代表此練習場除了供萩藩士練武外，也歡迎他藩前來的修行者切磋——山口縣提供

第六章

月性及吉田松陰

長州藩的學校教育，除了官辦學校（明倫館），還有許多寺子屋和私塾在各地林立，不過大多數尚停留在教導百姓識字讀書的程度。而本章介紹的月性和吉田松陰，他們教導的不只是識字讀書，還有安邦定國的知識。同時不止於言教，還有身教。

月性出生在周防大島郡遠崎村（位於現今山口縣柳井市），是淨土真宗本願寺派妙圓寺的住職。他在青年時便周遊日本各地，學習佛學、漢文，結交名士，在日本國內頗有名氣。萩政府的要員、明倫館師徒，甚至吉田松陰和他的父兄，都與他有深厚的交情。

他雖然身為僧人，卻憂懷國事，極具入世志向。他出外遊學之前，就留下這首有名的漢詩：「男兒立志出鄉關，學若無成死不還。埋骨豈期墳墓地，人間到處有青山。」

嘉永元年（一八四八）他三十二歲的時候，在妙圓寺開辦了私塾時習館（別稱「清狂草堂」），招攬鄉人為弟子，傳授海防和政治思想。日後擔任奇兵隊第三代總督的赤禰武人、戊辰戰爭中擔任奥州鎮撫隊參謀的世良修藏、覺法寺住職大洲鐵然、大正時期內閣大臣寺內正毅的老師大樂源太郎，都是月性的高足弟子。

月性早已意識到海防的重要性，在黑船來航之前，就寫下《內海杞憂》這本書，提出為了護國大義，必須組織武士和農民，教導他們作戰，另一方面要回收所有銅器改鑄大炮，甚至將藏在民家床下的硝石統統拿來製造火藥。

他積極提倡海防，因此換來「海防僧」的外號。他又認為，西方國家侵奪國土的手段層出不窮，不僅使用武力，還會利用豐富物質來誘惑民眾，因此對民眾曉以大義，既能防備外國入侵，還

立於柳井市妙圓寺周邊的月性銅像——PIXTA

能報效國家，振奮士氣。

他也強烈批評幕府以武力不足為藉口，沒有拒絕與外國通商，如此只會令日本走上滅亡之路。除了攘夷之外，他的核心思想是尊王和倒幕，他認為幕府有責任擊退外國人，要是幕府做不到的話，就乾脆推翻幕府，將政權歸還給天皇。他曾帶同大樂源太郎前往京都，與梅田雲濱、梁川星巖等名士暢談時政，宣揚倒幕攘夷思想。安政五年（一八五八）六月，幕府沒有得到天皇敕許便擅自與美國簽署通商條約，被視為幕府的失政，不過月性無緣目睹這一幕，因為他剛好在此前一個月病死，如果他沒病死，恐怕要趁這機會大鬧一場呢。

至於吉田松陰，他雖然也是走攘夷路線，不過手法比月性「柔和」得多。

吉田松陰於文政十三年（一八三〇）出生在萩市東面的松本村。父親杉百合之助是藩內的無給通武士（士族中的下等），而大叔父吉田大助是山鹿流兵學的師範，小叔父玉木文之進是大組武士，比杉家高級。吉田松陰六歲的時候，被送到大叔父吉田大助家當養子，繼承了吉田家傳的山鹿流兵學。沒多久吉田大助病死，吉田松陰由生父繼續撫育，在小叔父開設的松下村塾學習。九歲便進入明倫館擔任兵學師範，十一歲在藩主毛利慶親

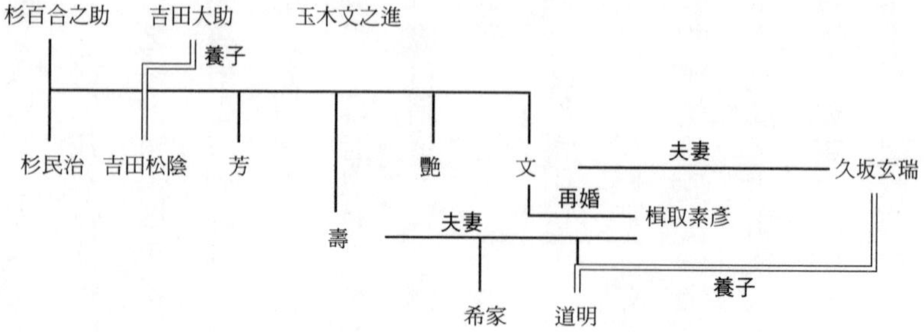

吉田松陰家譜

面前講解兵學，十三歲帶領長州兵進行軍事演習，十五歲師從山田亦介學習長沼流兵學。吉田松陰這樣豐富的履歷，從我們現代人的角度來看，絕對稱得上神童。

嘉永三年（一八五〇），二十一歲的吉田松陰獲得批准離開長州，前往九州遊學。這趟學問之旅中，最大的收穫是結識了畢生摯友宮部鼎藏（熊本藩士）。後來吉田松陰向藩政府請了十個月長假到江戶遊學，拜佐久間象山（松代藩士）和安積艮齋（朱子學者）為師。在蒼龍塾認識了江帾五郎（盛岡藩儒生），當時宮部鼎藏剛好也來到江戶，三人一見如故，成為好友，江帾五郎說他要到東北去為亡兄報仇，吉田松陰和宮部鼎藏二人答應同行相助。不過吉田松陰若要離開江戶，需要藩政府同意，否則視同脫藩，而藩政府知道吉田松陰離開江戶的理由，不願吉田松陰捲入事端，因此遲遲不肯發出批文，吉田松陰的親友也勸他不要多事，但吉田松陰不想失信於人，便不等批文擅自離開江戶。結果報仇之事不但沒有幫上忙，回到江戶還被問罪，遭剝奪士籍，發還萩市。

回到萩市幾乎整整一年，吉田松陰才獲赦免。嘉永六年（一八五三）正月，吉田松陰獲准出藩修行，於是他從萩出發，經大坂前往江戶。沒多久培里准將便率領艦隊來航了。

吉田松陰和金子重輔試圖登上美艦離國不果，被送入牢獄（請參見前一章），幕府判處二人返萩蟄居。二人返回萩後，被藩政府關進野山獄，由於路途顛簸，缺乏衛生照顧，金子重輔抵達萩後

《絹本著色吉田松陰像》肖像部分——山口縣文書館所藏

不久便去世。

雖然身陷囹圄，但吉田松陰仍然不忘讀書學習。他託家人捎一些書籍送到監獄，只要有時間就會讀書，據他日後所寫的《野山獄讀書記》所述，一年多的牢獄生涯中，總共讀了六百一十八冊書籍，種類包括歷史、哲學、地理、兵學、詩文、醫學等等。入獄半年後，吉田松陰開始與其他十一名獄友交流讀書心得，並舉辦獄中教育，不只是他教授獄友，也請獄友互相傳授得意學問，就連獄吏也一起參與「盛會」，但野山獄畢竟是個監獄，不能辦得張揚，獄中教育往往只能在晚間進行。

這十一個獄友當中，真正犯罪的只有兩人，其餘的人只不過是因為各種原因見棄於親友而借牢獄收容。其中有一位叫做高須久子的寡婦，她出身武士家族，擅長三味線，有不錯的藝術素養，她的音樂同好當中，包括一些知名的藝能人士，但這些藝能人士多數是不被社會接納的賤民階層，儘管地位與武士階層有若雲泥，但高須久子毫不忌諱與他們來往，甚至邀請他們到家中歡聚，結果被夫家舉報，入獄受刑。高須久子認為人人生而平等，為何不能像普通人般交往？吉田松陰同情高須久子的遭遇，亦深受她的思想影響。

安政二年（一八五五）末，吉田松陰獲藩政府批准出獄，改以幽閉之刑（禁止出戶）。隱居在家的期間，利用叔父玉木文之進和舅舅久保五郎左衛門經營的松下村塾，一邊讀書一邊講課。很多上進青年聞風而至，也有些人是聽了月性介紹而來的，他們當中有部分出身武士家庭，部分則來自各行各業的百姓。高杉晉作、久坂玄瑞、入江九一、吉田稔麿、伊藤俊輔（後來的伊藤博文）、山縣小助（後來的山縣有朋）、山田顯義、佐世八十郎（後來的前原一誠）等等未來的政治大明星，都曾經是吉田松陰的學生，其中尤以高杉晉作、久坂玄瑞、入江九一、吉田稔麿最為突出，有「松下村塾四天王」之稱。學徒當中甚至還有小童，吉田松陰也照為他們授課不誤。不過吉田松陰仍是待罪之身，因此平日授課都是秘密進行。

除了讀書之外，吉田松陰還會為弟子安排武術、游泳等體能訓練，以及講授兵學和演習陣法，以備將來實戰之用。

在松下村塾授課期間，吉田松陰將教授《孟子》時的內容與見解編輯成書，名為《講孟余話》，並將該書寄給明倫館前教頭山縣太華過目，山縣太華不同意吉田松陰的觀點，於是撰文反擊，兩人便以書信形式來回辯論。以下簡單列出他們辯論的內容，我們可以從中窺探二人思想的異同。

	山縣太華	吉田松陰
外國通商問題	諸外國與日本都是平等的國家，現在他們攜國書而來，應該友善對待。日本是講倫理道德的國家，何故只尊我國，蔑視外國？	諸外國懷抱略奪殖民地的狼子野心，大清便是好例子，當務之急應該驅逐外夷。
國體問題	天皇雖然位居至尊，但他僅受德川幕府供養，並不直接統治臣民。而德川代天皇治政，所以外國國書呈交幕府處理是正確的。	「普天之下莫非王土」，認為不管是長州還是德川家，都是天皇的臣民，天下實際上是天皇一人之天下。
王霸之辯	幕府是眾諸侯當中最強大的，它代替天皇實行王政，諸侯的領地一律來自幕府的承認，所以諸侯是幕府的臣下，不是天皇的臣下。	幕府的權威也是來自天皇的授與，故此諸侯和幕府都是天皇臣民，無分上下。

在這場論爭中，已可窺見吉田松陰尊王攘夷的思想。一般認為，他的尊王思想是幼時聆聽父親講述「文政十年之詔」[1]的故事所激發。後來閱讀水戶藩志士會澤正志齋的《新論》以及中國魏源的《海國圖志》，加上在遊學和牢獄中閱讀的各種書籍，揉合出尊王攘

夷思想。不過要注意的是，吉田松陰的尊王與月性的尊王，內涵並不相同。吉田松陰的理論基調，在於天皇是天照大神的後裔，萬世一系，從不改變，現在天皇委任幕府統領諸侯，統轄日本。作為天皇的臣民，我們不應推翻同為天皇臣民的幕府；作為藩鎮，我們應該盡力勸說幕府改正錯誤。另一方面，幕府只要敬奉天皇，自然得到諸侯的效忠；而諸侯敬奉幕府，自然得到家臣的效忠。換言之，尊王不等於倒幕，它反而是鞏固社會倫理秩序的一套理論。在當時，推翻幕府的想法僅存在於個別激進人士腦中，幕府和朝廷大致上是可以和平共存的。從後期水戶學的倫理觀看來，朝廷和幕府是君與臣的關係，日本子民既要尊王，也要敬幕，不過某些尊王論者偷換了概念，將重點放在天皇的絕對性上，既然天皇可以「委任」幕府統轄日本，那麼天皇也可以將這權力收回來。這理論體現在日後一連串的朝幕角力，是尊王志士的行動依據。

吉田松陰的思想太過多樣，包括重視情報收集的「飛耳長目策」、給予囚犯教育機會

1 文政十年（一八二七）之詔指當時朝廷封將軍德川家齊為太政大臣、世子德川家慶為從一位，但德川家齊父子沒有上洛受封，而是坐在江戶城中接收詔書，被視為武臣跋扈、侮辱天皇的表現。

令其改過自新報效社會的「福堂策」、呼籲在野志士挺身而出拯救國家的「草莽崛起論」等等。礙於篇幅，難以一一解說，只好略過不提。

儘管吉田松陰理論豐富而且極具感染力，卻無法贏得弟子們的一致追隨。一場違勅調印風波，便看出他與弟子之間的思想差距。到底是吉田松陰曲高和寡，還是他的思想根本不切實際？次章分曉。

影響吉田松陰的兩部著作

會澤正志齋的《新論》以及魏源的《海國圖志》，是影響吉田松陰至深的兩部著作。

會澤正志齋的《新論》是後期水戶學的代表讀物。寫成於文政八年（一八二五），正是前文所述幕府頒布「異國船打払令」的同一年，不過該書的內容卻是其師藤田幽谷皇神思想的延續。該書由五大章節構成，分別為「國體」、「形勢」、「虜情」、「守禦」、「長計」。篇幅最長的一章〈國體〉闡述日本國體的獨特性，認為日本是神國，天皇是神的後代，萬世一系，並沒有發生過中國那種易姓革命，所以日本的國體比世界萬國更加優越。他鼓吹絕對君權，呼籲全國上下團結一心，對天皇無條件盡忠盡孝，共抗外夷，耀武海外。就像其師藤田幽谷一樣，會澤正志齋不惜扭曲前期水戶學的儒家君臣觀，並且將神代神話視為真實歷史，以強調天皇的絕對性，現代人看來或許無稽、可笑，在當時卻贏得各地志士的推崇，使水戶學成為尊王攘夷思想的領袖，同時也成為極端民族主義的濫觴。

而魏源的《海國圖志》成書則較晚，在黑船來航前後從中國傳入日本，並改譯成日文版。傳入之初因為書中含有基督教字眼而被幕府官員沒收，第二批輸入日本之時已是黑船來航之後，因應時勢需要，獲許可進入市場販售。內容除了介紹世界各國風土人情之外，還介紹造船、鑄炮、測量、海防之法。該書進入日本後，由官私兩方的學者按其需要翻譯再節錄成書，共有二十三種版本之多。魏源的名句「師夷之長技以制夷」，透過各種翻刻本深深影響著有識之士，使他們改變想法，不再盲目攘夷，而是積極了解夷情，學習西洋先進知識，繼而進行變革，使日本擁有對抗外夷的力量。吉田松陰大概是在野山獄中獲得此書，但他戴罪在身，終其一生始終無法遠航海外。

第七章

安政大獄

安政五年（一八五八），井伊直弼就任大老不久，便發生「違勅調印」事件。事緣設領事館於下田的美國駐日本總領事哈里斯，他早就希望與幕府簽訂通商條約，便藉阿羅號事件（第二次鴉片戰爭、英法聯軍之役）恐嚇幕府，說英法聯軍極有可能侵略日本，為了防止戰事爆發，日本應該盡早與美國簽約，以換取美國保護。而幕府老中堀田正睦本身也是贊同開國的，他甚至親自前往京都說服朝廷批准簽約，卻遭到否決。沒多久井伊直弼獲擢升為大老，他打算仿照堀田正睦的做法，先徵求朝廷敕許才簽約，便吩咐下田奉行岩瀨忠震和負責交涉的井上清直拖延時間，同時派人到京都徵求天皇批准。然而哈里斯不停催促，威脅若不即時簽約後果不堪設想，不讓幕府有考慮的餘地，結果岩瀨忠震兩人不理會井伊直弼的指示，擅自決定簽約。當時是六月十九日。此後三個月內，幕府先後與荷、俄、英、法簽訂通商條約，合稱「安政五國條約」。

幕府沒有得到朝廷勅許（事後證明朝廷根本無意簽約，因此定調為「違勅」）便與美國簽約，消息傳出之後，舉國譁然，群情洶湧，孝明天皇甚至多次提出讓位以示不滿。其中，攻擊井伊直弼最激烈者是他的政敵水戶藩主德川齊昭，因為井伊直弼和德川齊昭在將軍繼嗣問題上一直水火不容，而且整個水戶藩都是忠實的攘夷派，德川齊昭便以違勅調印事件為藉口攻擊井伊直弼，並聯同尾張藩主德川慶勝、福井藩主松平春嶽一行強行登城向井伊直弼問罪，結果被井伊直弼判處各種隱居的刑罰。

這時候孝明天皇直接向水戶藩下了一道密勅，斥責幕府擅自簽約之事，並要求水戶等諸藩與幕府合力攘夷。孝明天皇也一併將密勅的抄寫本發送給包括萩藩在內的十三家大名。朝廷的舉動破壞了以往規矩，惹得井伊直弼不滿，他要求水戶藩交出密勅，水戶藩高層人員尚未作出決定，卻有一群激進藩士聚集起來企圖阻止藩政府交出密勅，井伊直弼便趁機指責水戶藩謀反，同時指控攘夷派人士在京都散播攘夷思想，阻撓幕府簽約工作，於是命令心腹重臣在京都展開搜捕行動。被捕者有橋本左內（越前福井藩士）、梅田雲濱（若狹小濱藩士）、賴三樹三郎（京都儒學者，《日本外史》作者賴山陽之子）等人。

違敕調印事件在七月傳到長州。吉田松陰一反常態，對於幕府的不臣行為十分憤慨，揚言征夷大將軍現在已是天下之賊，若不征討幕府只會遭受世間非議。這是吉田松陰前所未有的討幕論，與他之前侃侃而談的尊王敬幕論大相逕庭。征夷大將軍不但不攘夷，還反過來與外國人簽約通商——吉田松陰一貫執著的名分論和夷狄觀，使他將失職的幕府視為國賊。從他後來的行為來看，與其說他要推翻幕府，倒不如說是懲罰幕府比較貼切。

吉田松陰不只嘴巴說說，還真的策劃各種行動去宣洩他的不滿。當時有消息指出井伊直弼要脅持天皇移駕他的領地彥根，吉田松陰便打算組織學生扮成藩兵前往阻止井伊直弼，他向藩政府要員提出計劃，但藩政府無動於衷。吉田松陰又點名紀州藩家老水野土佐守和前幕府老中堀田正睦為「關東二奸」，他與學生和友人商議暗殺二人，或至少襲擊他們的居所，聲稱為天下除大害，不過他的學生大部分人都覺得這樣做太過激進，而且無濟於事，對老師說的話聽聽便算。

一計不成，二計又生。吉田松陰打算邀請攘夷派公卿大原重德父子前來長州，讓有志之士在大原父子的號召下舉事，不過最後也是不了了之。幕府在京都大肆搜捕攘夷派志士後，吉田松陰又找來梅田雲濱昔日的學生赤禰武人（即前一章提到的月性徒弟），讓他去京都襲擊伏見監獄，救出梅田雲濱。儘管走漏了風聲，被藩政府通緝，赤禰武人仍逃過追捕，成功潛入京都，可是那時候梅田雲濱已被押往江戶，赤禰武人撲了空，吉田松陰的計劃再度失敗。

吉田松陰又計劃襲擊幕府老中間部詮勝，因為間部詮勝參與了京都的志士搜捕行動，再加上得悉水戶、尾張、薩摩、越前四大藩策劃襲擊井伊直弼，他便覺得長州藩應該要爭先行動，不落人後。吉田松陰指示學生四處招募志士、籌措資金，甚至向藩政府借用武器彈藥。他要組織一隊勇士，就算藩政府按兵不動，自己也要率領這批勇士大搞一場，不過響應的學生只有寥寥十幾人。藩政府要員之中有與吉田松陰友好者，當他們聽到吉田松陰的計劃之後，都覺得事關重大，因為藩政府早前制定了藩政方針[1]，他們不想在這件事上得罪幕府，便勸吉田松陰取消計劃，不果，只好將他下獄。當時是安政五年（一八五八）末，違勅調印事件後的半年。

吉田松陰以為只要對藩政府和學生曉以大義，動之以情，便會得到所有人的支持，他以一顆至誠的心投身尊王事業，勇往直前，至死無悔，全憑這個意志，將其他事情都拋諸腦後。可是學生和藩政府也有自己的想法和打算，他們都覺得吉田松陰的做法太激進，像高杉晉作等學生，便致書獄中的吉田松陰，陳說襲擊計劃為時尚早，勸請老師隱忍自重。但吉田松陰看完信很生氣，他認為自己一心為忠義行事，而他們卻只顧追逐世俗功名。

即使身陷野山獄中，吉田松陰仍然無時不在策劃行動。他又提出「藩主要駕策」，讓藩主毛利慶親參勤交代時停留在京都伏見，與大原重德一起進京面聖，彈劾幕府。這個計劃只得入江九一與野村和作（後來的野村靖）兩兄弟響應，其他學生都抱持觀望態度，計劃最後失敗收場。吉田松陰接著提出讓清末藩主毛利元周前往萩市，迫使宗家行動，卻更無一人響應。到這時候吉田松陰身邊已無志同道合之人，可謂孤立無援，他索性絕食死諫，可是沒多久就放棄了。

吉田松陰一連串計劃雖然毫無寸功，卻已吸引幕府注意。幕府在第二年的安政六年（一八五九）四月命令萩藩將吉田松陰押送到江戶受審。吉田松陰毫無懼色，反倒是藩政府著急了，生怕吉田松陰將襲擊計劃和盤托出，那麼當時藩政府沒有及時處罰他一事便成百辭莫辯的罪過了，於是藩政府便派人勸說吉田松陰封口，但他不從。七月四日，被送

---

1 稱為「藩是三大綱」——對朝廷盡忠節，對幕府守信義，對祖先全孝道。

抵江戶的吉田松陰接受審訊，然而幕府奉行質問的並不是襲擊計劃，而是吉田松陰與梅田雲濱的關係，吉田松陰回答說當時梅田雲濱來萩，只是與自己交流禪學心得，並無其他事情。幕府又問到早前在京都御所內拾獲之批判幕府的文章，是否出自吉田松陰的手筆，吉田松陰則矢口否認。

審訊到此為止，並沒有可以入罪的地方，但是審訊完畢後幕府奉行請教他對時局的看法時，吉田松陰卻誇說自己身在獄中，也能知曉天下事，因為許多志同道合的朋友前來交換情報。他坦承自己干犯的死罪只有兩項，一項是邀請大原重德父子到長州，一項是「質問」間部詮勝，幕府奉行覺得「質問」間部詮勝一事有蹊蹺，欲待再問，但天色已晚，便將吉田松陰收押傳馬町監牢。此後幾個月，幕府奉行幾番問話，對吉田松陰甚是客氣，吉田松陰以為可以從輕發落，但也沒有明說襲擊間部詮勝一事，只託辭說面諫。

在傳馬町監獄期間，因安政大獄被捕的志士橋本左內、賴三樹三郎等人被判處死刑，此後幕府對吉田松陰的態度變得強硬。十月十六日的審訊過後，幕府寫下的判詞記錄吉田松陰有刺殺間部詮勝的企圖，吉田松陰極力否認，後來幕府將判詞改成企圖襲擊間部詮勝的警衛隊伍。不管吉田松陰怎麼辯解，幕府到最後還是要處死他。吉田松陰知道死罪難逃

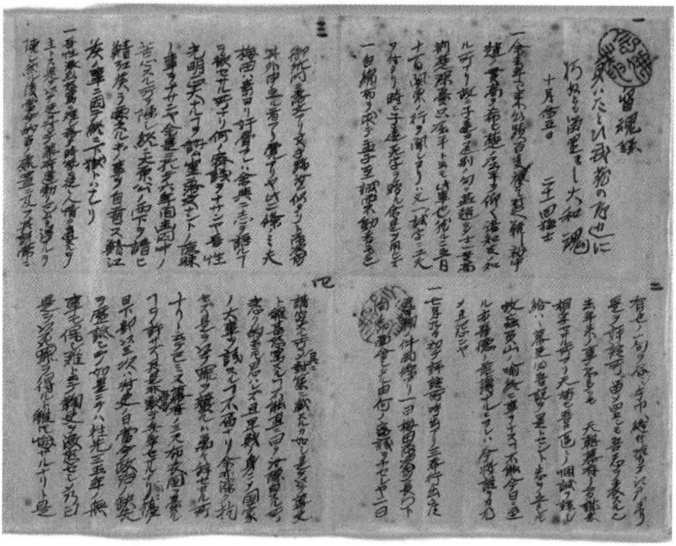

《留魂錄》開頭部分可見其名句「屍身縱曝武藏野，俠骨猶唱大和魂」——京都大學附屬圖書館所藏（節錄部分）

了，連忙寫信向親友交託後事，並寫下兩篇《留魂錄》記述幕府盤問的經過和他當下的心境。他的名句「屍身縱曝武藏野，俠骨猶唱大和魂」，正是出自《留魂錄》。十月二十七日早上，吉田松陰被帶到刑場問斬，行刑前，他吟道：「吾今為國死，死不負君親。悠悠天地事，鑑照在明神。」據目擊者事後記述，吉田松陰赴刑時面不改容，還向旁邊的役人行禮致謝。

吉田松陰慷慨就義，死時年僅三十歲。井伊直弼也在半年後（安政七年〔一八六〇〕）的三月三日，在櫻田門外遭水戶和薩摩浪士刺殺身亡。

松下村塾的下場

吉田松陰被押送江戶後，松下村塾便無復往日熱鬧。儘管他的妹夫小田村伊之助（後來的楫取素彥）、學生增野德民、久坂玄瑞等人輪流主持讀書會，曾聚集近三十名學生聽課。但是局勢動盪，學生們奔走於各地，已無暇聚在一起讀書，村塾很快變成一室空房。

慶應元年（一八六五），年僅二十二歲的馬島甫仙離開奇兵隊，回到松下村塾執教，並獲萩藩政府破格資助，得以修葺校舍，持續經營。馬島甫仙在明治三年（一八七〇）移居東京後，村塾改由其好友釃田義雄接手，但是沒有多久就停辦了。

吉田松陰的叔父玉木文之進在明治五年（一八七二）重操故業，再辦村塾。當時玉木文之進已是六十三歲的老人了，他厭惡西方新知識，批判明治政府的一切，在塾中他教授漢學、水戶學以及吉田松陰的遺著，後期更訓練騎馬擊劍，教

位於松陰神社境內的松下村塾，以「明治日本的產業革命遺產」登錄為世界文化遺產——山口縣提供

學模式與吉田松陰在世時無異。明治九年（一八七六）的萩之亂遭鎮壓後，玉木文之進切腹自盡，村塾再度停辦（請參見第十五章）。

明治十三年（一八八〇年）吉田松陰的長兄杉民治再興村塾，主要教授漢學。然而當時明治政府已推行教育令，在全國各町各村設置小學校，建立教育架構，並對全國學校課程作出統一規範，青少年有了正規途徑學習和升學，松下村塾逐漸被時代淘汰。明治二十五年（一八九二）杉民治出任萩市立修繕女學校校長，松下村塾正式閉校，退出歷史舞台。

第八章

未能實現的航海遠略策

井伊直弼主導的幕閣與美、荷、俄、英、法簽訂通商條約，由於沒有事先得到朝廷敕許，而成為全國尊王志士的攻擊目標。井伊直弼開始在京都大肆搜捕和處死一些尊王派人士，壓制反對聲浪，自己卻也因此被刺殺。眼看尊王勢力抬頭，幕府的威信跌落谷底，這時候，一個挽救幕府命運的計策應運而生，即為公（朝廷）武（幕府）合體論。

公武合體的具體措施就是讓皇妹和宮下嫁將軍德川家茂。如此一來，幕府便能借助朝廷的站台來抑制反幕的聲音，而朝廷的發話聲量也增強了，可以迫令幕府落實攘夷計劃。不過，就對外政策而言，朝廷是強烈主張攘夷的，與主張開國的幕府畢竟南轅北轍。雙方表面上一家親，實際上各懷鬼胎，借對方的力量來實現自己的主張。

正如日本學者町田明廣所言，當時的人不論主張攘夷抑或開國，其本質都是以攘夷為最終目的，只是手段不同而已。就像第五章提到，有些人主張用暴力手段驅逐外國人，有些人則了解日本與外國的實力差距，明白暴力攘夷會自招其禍，於是主張開放貿易，吸收外國知識，增強國力，他日再行攘夷。而朝廷和幕府，正是這兩種方法論的代表。

在幕府老中安藤信睦和久世廣周等人的推動下，朝廷在萬延元年（一八六〇）十月十八日頒下勅令，准許和宮下嫁。不過朝廷同時也開出一個條件，要幕府給出一個期限實行攘夷。幕府雖然感到為難，但為了挽回威信，只好虛與委蛇，先將和宮接過來再說。

而長州藩可說是當時朝幕關係的縮影。攘夷與開國的鬥爭、尊王與佐幕的角力，在長州藩內激烈展開。

幕府違勅調印和吉田松陰遭刑之後，長州藩上下對於時局的應對意見不一。早在幕府與美國簽訂條約後的八月五日，公卿中山忠能和正親町三條實愛與交情甚密的右田毛利家家臣甲谷兵庫秘密會晤，正親町三條實愛提到幕府倒行逆施，聖上深感憂慮，寢食不安，希望毛利家發揮元就公以來的勤王精神，出兵京都支援朝廷。甲谷兵庫回長州覆命，藩主毛利慶親便吩咐政務役周布政之助上京，拜見中山忠能，面陳應對之道。

至於松門（松下村塾）弟子之間，則開始出現破約攘夷的聲音。高杉晉作和入江九一都主張立即撕毀條約，即使與外國一戰也在所不惜，不過未能與其他同門達成共識。結果這群松門弟子各散東西，各自探索攘夷之道。

另一方面，萩藩直目付[1]長井雅樂在文久元年（一八六一）向藩主呈交一份長達四千八百字的建議書，即是後世有名的「航海遠略策」。長井雅樂指出，目前外夷猖獗，國威衰微，是皇國前所未見的大難，造成今日局面的禍首自然是幕府無誤。接著他批評天皇久居深宮，不知天下輿論形勢，更因誤信一些狂夫淺慮之說，以為鎖國是萬全之策，屢屢要求幕府破約攘夷，如此一來不但無法使外夷心服，更會招致兵禍。長井雅樂認為朝廷三百年來將國政委任幕府，外夷亦充分理解幕府是代表朝廷簽約，一旦毀約，只會給外夷留下背信棄盟的壞印象，彼直我曲，智者所不取也。他建議朝廷盡快撤回鎖國攘夷的方針，發展海軍，遠航海外與各國通商，提升國力，揚國威於世界。只要將這個訊息傳達給幕府，幕府定無異議，屆時海內一和，政局安定，待我國威揚於世界，五大洲向皇國進貢亦指日可待了。

1 負責監察全藩行政，直接向藩主報告的重要職位。

乍看起來，長井雅樂的想法與吉田松陰、佐久間象山等開明學者無異[2]，但長井雅樂「航海遠略策」的不同之處，在於鼓勵建立海軍，積極向外發展，而不是守株待兔地等待外夷來訪。且不說這辦法是否可行，長井雅樂在建議書中表現的政治傾向是公武合體，而且包含著以攘夷為目的的開國論，這就符合了朝廷和幕府雙方的期盼。毛利慶親認為確實可行，也正好回應之前正親町三條實愛希望長州勤王的要求，便命令長井雅樂前往京都和江戶進行游說。

長井雅樂在同年（文久元年〔一八六一〕）五月十二日抵達京都，拜見正親町三條實愛等公卿，獻上他的「航海遠略策」。一如所料，長井雅樂的大計劃很快就獲得眾公卿認同。接著他前往江戶，向老中久世廣周和安藤信睦獻策。對幕府而言，只要不是馬上破約攘夷，就已經是上上之策了，哪有不歡迎的道理。

單從計劃內容而言，的確符合當時日本國情，因為日本沒有實力可以與外國人交戰，不過長井雅樂和朝幕雙方首腦，恐怕不了解有些人對外夷之厭惡，其實，連孝明天皇也是極度地討厭外國人。他們並沒有長遠的計劃，只是想維持鎖國體制，將討厭的外國人驅逐出去而已。

回看當年《日美修好通商條約》的內容，美國要求四港開放（神奈川、長崎、新潟、兵庫）和兩都開市（江戶、大坂），當中神奈川和長崎已在安政六年（一八五九）開港，而在天子眼皮底下的兵庫和大坂，則預定在文久二年末（西曆一八六三年一月一日）開港開市。開放日臨近，觸動了孝明天皇的神經。而現實生活中，由於日本和歐美各國金銀兌換比率的差別，金貨大量流出海外，導致日本國內物價高騰，激起攘夷志士的憤慨。這些志士意識到朝廷比幕府更有心攘夷，與其搞公武合體讓幕府借屍還魂，不如將政權交還天皇，由天皇率領臣民一同攘夷。於是各地志士間互通音信，共襄尊王攘夷義舉。

文久元年（一八六一），長井雅樂取得幕府首腦支持後，返回萩城，傳達幕府希望毛利慶親為公武關係周旋的意見，於是毛利慶親、養子定廣帶同長井雅樂再度出發前赴江戶。周布政之助當時正在江戶，他嗅到氣味不對勁，趕緊前往京都阻止藩主東進。他勸說毛利慶親放棄「航海遠略策」，中止公武合體的斡旋，但毛利慶親不從。

---

2 吉田松陰在安政三年（一八五六）七月十八日寫給久坂玄瑞的信中，提出當今之計，不應撕破和約，為了牽制外夷，應該佔據蝦夷、琉球、朝鮮、滿洲、支那、印度各地，進可攻，退可守，既能成就前人未竟之功，亦可抵禦外夷欺侮。

毛利慶親一行人終於抵達江戶。為了表示謝意，幕府舉薦世子毛利定廣升任左近衛權少將，毛利家可謂集朝廷和幕府期望於一身。可是一個月後的文久二年（一八六二）一月十五日，老中安藤信睦在坂下門外遭來自水戶藩的尊王攘夷派志士襲擊，背上受了刀傷。以這宗襲擊事件為契機，幕閣內的政敵翻舊帳攻擊安藤信睦，最終在四月十一日將他罷免。安藤信睦下台，意味著長井雅樂的「航海遠略策」失去強而有力的支持。

正好這時候，薩摩藩的「國父」[3]島津久光帶著一千人馬，打著「皇政回復」的旗號，從鹿兒島上洛。島津久光這一前無古人的創舉，吸引到各地尊攘（尊王攘夷派，以下一律簡稱尊攘）志士的注意，志士們認為島津久光最有決心破約攘夷，也最有實力體現天皇的意志，至少比毛利家搞公武合體來得乾脆，於是各地志士雲集京都，個個磨拳擦掌，準備幹一番大事。他們計劃殺死親幕府派的關白九條尚忠和京都所司代酒井忠義。

可是尊攘志士們會錯了意。四月二十三日，島津久光進入京都後的一個星期，便對自家幾個最激進的尊攘派家臣痛下殺手，此即寺田屋騷動。原來島津久光在上洛前，早已派重臣到京都跟朝廷首腦聯繫，奉天皇叡旨鎮撫京內激進志士（另一個任務是要島津久光前往江戶說服將軍上洛，交待攘夷事宜）。而長州藩一度被懷疑參與資助那些激進志士。島津久光曾派人到京都長州藩邸，要求毛利家交出激進志士，被毛利家拒絕，毛利、島津兩家從此有了嫌隙。尊攘志士們這才恍然大悟，明白島津久光所謂「皇政回復」不過是個幌子，骨子裡也是個公武合體派。其實他們並不知道，自己所擁護的孝明天皇雖然強烈厭惡外國人，卻始終打算由幕府主導攘夷，尊攘志士們根本不獲允許在天子腳下鬧事。

島津久光雖然表面上保住了幕府的顏面，卻不願讓幕府為所欲為，他看中了在安政大獄時被罰永久隱居的尊融入道親王（後來的中川宮、久邇宮朝彥親王，以下一律統稱中川宮），爭取讓他還俗主持朝政，並且削弱五攝家的權力，換言之，親幕府的九條家以及與島津累世通婚的近衛家，都被島津久光架空了。

另一方面，島津久光打算向幕府提議讓一橋慶喜和松平春嶽復職，分別出任將軍後見役和政事總裁職，此外將包括長州在內的沿海五藩設置為五大老[4]，共商政事。為實現鴻圖大計，島津久光動員自家家臣游說朝幕雙方要員，軟硬兼施，逐漸取得話語權。五月下

3 薩摩藩藩主是島津茂久，島津久光是其生父，當時無位無官，但手握大權，形同國父。

4 構想中的五大老為薩摩、長州、土佐、仙台、加賀五藩。

旬，意氣風發的島津久光以護衛敕使大原重德之名，率藩兵離開京都、前往江戶。

敕使大原重德和島津久光一行人在六月七日抵達江戶。前一天，毛利慶親正好離開江戶前往京都，彼此錯過了見面的機會。這一回上洛，毛利慶親的想法有了轉變，因為京都政壇早已完全掌握在薩摩藩和中川宮手中，那些被壓抑的尊攘派公卿，從此更積極與宮外的志士聯繫，以伸抱負。攘夷的呼聲在壓抑中又見高漲，提出「航海遠略策」的長井雅樂也成為尊攘志士眾矢之的。一個月前的五月五日，公卿中山忠能寫信給毛利家老浦靭負，指出長井雅樂呈交給朝廷的建白書，字裡行間誹謗了天皇，這表示連朝廷也不再支持長井雅樂了。毛利慶親唯有順應時勢，在離開江戶的前一日開除了長井雅樂，命令他回去萩閉門思過。

而毛利家內部，尊攘志士對長井雅樂的攻擊亦不遺餘力。除了周布政之助和桂小五郎極力游說藩主放棄公武合體論和「航海遠略策」外，久坂玄瑞曾夥同同志在毛利慶親面前彈劾長井雅樂，甚至策劃襲擊長井雅樂，但是六月初長井雅樂被解職回國，久坂玄瑞等人錯失了下手機會，遂向藩主自首認罪，被罰謹慎（閉門不得外出）之刑。服刑期間久坂玄瑞先後寫了兩篇建白書呈交毛利慶親，分別題為《迴瀾條議》和《解腕痴言》，前者提出洗刷先師吉田松陰的冤罪以正視聽、處罰擅自簽約的幕府，並建議將與外夷所簽條約恢復到嘉永七年（一八五四）下田和親條約為止的狀況，將對外貿易限制在長崎、下田和箱館三個港口；後者則是一份攘夷總綱領，陳說攘夷之急切，猶如手腕中了劇毒，在毒性侵遍全身前，必須將手腕砍下來保全性命，寓意在外夷湧入國內以前，及早將他們驅逐出國。

應當注意的是，久坂玄瑞在《迴瀾條議》所表現出的攘夷論，並不是要對外國人趕盡殺絕，只是限制外國人在三個港口交易，這大概亦是一眾攘夷志士的想法。

總而言之，在各地尊攘志士和公卿們的合縱連橫下，攘夷氣氛漸見高漲，尤其在島津久光完成使命返回薩摩後，尊王攘夷乘虛搶佔了意見主流，任何稍為迂迴的攘夷計策都被視為奸計。翌年的文久三年（一八六三）二月六日，毛利慶親大概抵不住攘夷聲浪，命令長井雅樂切腹，當時藩內部對於應否處罰長井雅樂意見不一，有些家臣還是比較同情長井雅樂的，但長井雅樂不願看到自家人相爭，便毅然切腹自盡。

長州藩捨棄了「航海遠略策」，選擇與尊攘志士一同遵奉朝廷意志的道路，然而情況逐漸失控，埋下了日後八一八政變的伏線。

高杉晉作上海之行

文久二年（一八六二）中，長井雅樂的「航海遠略策」遭遇挫折之際，高杉晉作因精通漢文之故，獲藩政府選中，假幕臣隨從之身分，參與幕府遣清使節團隊，從長崎乘船前往上海。同行的人還有薩摩藩的五代才助（後來的實業家五代友厚）、佐賀藩的中牟田倉之助，他們在上海之行與高杉晉作成為摯友。

當時上海因《南京條約》成為通商口岸已歷二十餘年，公共租界和法租界內建有英、美、法三國使館、工廠、教堂以及住屋等設施，十分繁榮，而另一方面，太平天國李秀成大軍正在此時攻擊上海，清軍和英法部隊聯手抗敵。高杉晉作等人目睹上海租界的繁華景象，亦耳聞中國人在自己地方所遭受的不公平對待，對於外夷處處欺侮中國人感受極深。他四處視察和訪問，將所見所聞以日記形式記錄下來，回國後整理成五冊，分別為《航海日錄》、《上海淹留日記》、《內情探索錄》、《外情探索錄》、《長崎雜錄》，統稱為《遊清五錄》。

高杉晉作在上海只逗留兩個多月，七月中旬便折返回國。那時候長井雅樂已經遭罷免，破約攘夷逐漸升溫。高杉晉作在上海的體驗，引導著他展開此後的攘夷活動。

第九章
狹隘的攘夷，失控的尊王

前文提到島津久光護衛敕使大原重德前往江戶，完成朝廷的任務，回程途中發生了生麥事件——文久二年（一八六二）八月二十一日，島津久光一行人路經武藏國生麥村，遇上了不肯讓路的四名英國人，薩摩藩兵出手將他們斬殺。島津久光擔心遭到英國報復，因此急速回國準備戰事，此後一段時間絕跡於京都政壇。於是被壓抑的攘夷派公卿和志士乘時而起，他們尋求外藩的支援，長州藩和土佐藩便是主要對象。

長州藩與攘夷派的關係大致如前章所述。而土佐藩在這一年也經歷了騷動，以武市半平太為首的土佐勤王黨暗殺了公武合體派的藩參政吉田東洋，並肅清吉田東洋一黨人，奪取了發言權，武市半平太奉藩主山內豐範之命上洛，結交尊攘派人士，進軍京都政壇。

文久二年的下半年，隨著島津久光退出京都，長州和土佐兩藩取代薩摩成為政壇新貴。他們控制著京都治安，監督京都政局。攘夷志士用暴力排除異己，即所謂天誅，正是在這時候開始活躍。

此前島津久光護衛大原重德出使江戶，命令幕府重新起用一橋慶喜和越前藩主松平春嶽，讓他們二人成為薩摩的政治同盟；而長州和土佐掌握京都政局後，亦提出再度派遣敕使到江戶催促將軍上洛，以確定攘夷期限，一旦將軍親自上洛，便成為甕中之鱉，再也不怕幕府抗旨不從了。於是朝廷選定三條實美為正使，姉小路公知為副使，十月前往江戶。並由長州世子毛利定廣、前土佐藩主山內容堂，以及久坂玄瑞、武市半平太等尊攘志士擔當警衛隨行。三條實美和姉小路公知兩人和大原重德一樣，都是公卿之中最堅定的攘夷論者，而且都與長州藩關係密切。

兩位敕使抵達江戶傳達旨意後，幕府內部意見紛歧，可想而知——對於破約攘夷他們感到為難，但也不能違抗旨意。商議結果還是承諾攘夷，將軍德川家茂將於來年（文久三年〔一八六三〕）上洛說明攘夷方策，當下由一橋慶喜先行上洛打點一切。一橋慶喜在十二月九日動身前往京都。隨後出發的還有年僅二十八歲的會津藩主松平容保，他是個公武合體派，又深得孝明天皇信任，這次上洛正式履任新設的京都守護職，試圖為幕府挽回劣勢，京都從此更加多事。

時間稍微回溯到十一月十三日。兩名勅使逗留江戶期間，久坂玄瑞打算襲擊正在武藏遊覽的外國公使，便找武市半平太商量具體策略，怎料武市半平太將這計劃通知前藩主山內容堂，山內容堂再通知毛利定廣，毛利定廣大驚，親自策馬勸說他們中止計劃。而這件事似乎也傳到兩位勅使的耳中，毛利定廣同一天稍晚在蒲田梅屋敷與久坂玄瑞等人喝酒時，勅使的使者以及幾名土佐藩士竟然同時出現，酒席中大家喝得有點緊張，這時候周布政之助不知從哪裡鑽出來，還一臉醉醺醺，乘醉大吐真言，嘲諷山內容堂是個牆頭草。這要說到原來八天之前兩藩也有過一場酒宴，山內容堂也是喝醉了酒口出不遜之言[1]，久坂玄瑞當場還以顏色，雙方不歡而散。現在周布政之助又來攪局，席上的土佐藩士再也按捺不住，抽出刀來便要砍他，高杉晉作挺身擋在土佐藩士面前，也拔出刀來，作勢要教訓周布政之助，久坂玄瑞上前阻止高杉晉作，周布政之助最後趁著混亂奪門逃走。第二天，土佐藩士前往長州藩邸，要求長州交出周布政之助，毛利定廣稱會嚴肅處理，事件從此不了

1　山內容堂和周布政之助都是當時有名的酒徒，前者更自號「鯨海醉侯」，以示酒量之大。

了之。後來周布政之助改名麻田公輔，返回萩城繼續為毛利家工作。

高杉晉作和久坂玄瑞也因為蒲田梅屋敷事件被罰謹慎十日，期間他們自行組織以攘夷為目的的結社，名為御楯組，加入御楯組的人除了久坂玄瑞、高杉晉作之外，還有志道聞多（後來的井上馨）、松島剛藏、赤禰武人、品川彌二郎等人，大半都是昔日松門弟子。他們計劃襲擊江戶品川御殿山上的外國使館。或許有了前車之鑑，這次的襲擊行動並沒有走漏風聲，待勅使和世子毛利定廣離開江戶後，便趕緊實行。十二月十二日夜晚，久坂玄瑞、志道聞多等人帶著炸彈，突破圍欄闖入使館區，放火焚燒英國使館。得手後他們逃到附近的酒館，一邊看著衝天烈焰，一邊把酒高歌慶祝旗開得勝。由於使館尚在建築中，沒有人員傷亡，幕府大概以為是自然失火，事後並沒有任何搜捕行動，而使館區建築計劃也因此暫停。

火燒英國使館事件過後，久坂玄瑞便離開江戶前往京都進行政治工作，其他同志則留在江戶繼續攘夷。這時候在江戶發生一樁命案。十二月二十二日，國學者塙次郎在和歌會唱完和歌，返到自家門前被人砍殺，當時不知道凶手是誰。直到大正時代，實業家澀澤榮一回憶道，下手者是長州藩的伊藤俊輔（後來的伊藤博文）和山尾庸三。伊藤俊輔雖然不是御楯組成員，但也是個尊王攘夷論者。至於他們為什麼要暗殺塙次郎呢？傳言說塙次郎奉幕府之命，調查接待外國人的儀式，卻不知何故被外界誤會為替幕府調查關於廢帝的往例，以為幕府有心廢掉孝明天皇，於是塙次郎糊裡糊塗地成了尊攘志士的刺殺目標。

第二年的文久三年（一八六三）二月十一日，已抵達京都的久坂玄瑞與寺島忠三郎以及肥後的轟武兵衛（熊本藩士）帶著建議書一同拜訪有「長州關白」之稱的鷹司輔熙，提出盡快逼迫幕府落實攘夷期限，並且讓天皇行幸神社，祈禱攘夷成功。而尊攘派公卿也配合久坂玄瑞的行動，姉小路公知帶著另外十二名公卿拜訪鷹司家，催促關白採取行動，鷹司輔熙迫於無奈，只好派出三條實美、姉小路公知等八名公卿前往東本願寺向一橋慶喜交涉。一橋慶喜答覆說，將軍滯京十日，歸府二十日後便是攘夷期限。一橋慶喜雖然沒有給出明確日期，但公卿們個個聽得心花怒放，畢竟將軍總不能一輩子都待在京都不回家，只要他回到江戶，就必須要攘夷。

二月十八日，孝明天皇在御所召集在京大名，正式宣布攘夷勅旨。參見天皇的大名有二十一人，當中包括世子毛利定廣，甚至支藩長府藩的毛利元周也名列其中，就是沒有一橋慶喜。天皇像這樣越過幕府直接面會諸侯，是前所未有的事。

天皇正式宣布攘夷，使尊攘志士氣焰更囂張，他們認為自己已經掌握了一切。天誅持續流行，不只活人，連死人也遭殃。二月二十二日，供奉在京都等持院的足利尊氏、義詮、義滿三代室町將軍的木像，被激進浪人梟首示眾，彷彿向天下預示德川幕府的命運將會如此。尊攘派已經進入「暴走」狀態，京都的氣氛變得十分可怖。不過，這些景象都不是天皇所樂見的，他雖然主張攘夷，但心裡還是支持幕府的，可是他無計可施，儘管一橋慶喜和松平容保在京，亦只能看著得勢的尊攘派橫行霸道。

在這樣腥風血雨的氛圍中，將軍德川家茂終於在三月四日進入京都，三月七日拜見天皇。然後經過一個多月的磋商，朝幕雙方達成了共識：幕府獲全權委任實行攘夷，期限為同年五月十日，而朝廷可以就政務事宜直接對諸大名下達命令。四月二十二日，幕府對全國大名下達攘夷令，久坂玄瑞等尊攘志士紛紛回國準備作戰。

兩個半世紀以來，德川家代替朝廷統轄天下，現在卻只剩下攘夷的軍事權而已。朝廷越過幕府對大名下達命令，也開創了朝廷直接參與政治的先例。然而這個先例卻造成日後長州藩與全國所有大名為敵、幾乎覆滅的惡果。

幕府擁有攘夷的指揮權，而朝廷也能夠直接對大名下命令，那麼當朝廷和幕府的攘夷方針有衝突時，大名該聽誰的呢？幕府雖然奉勅攘夷，但心裡明白根本打不過列強，於是玩了個小把戲，將朝廷提出的「無條件攻擊外夷」方針改頭換面，改成「遇到外夷來襲才反擊」，並通告各大名遵守這個策略。因此攘夷出現了朝廷版本和幕府版本，讓大名無所適從。

不過長州藩可是十分堅定的尊王攘夷派，他們當然遵奉朝廷旨意，不作他想。就在五月十日，即是德川家茂確認的最後攘夷期限，長州藩打響攘夷頭炮，協助藩正規軍守衛下關的光明寺黨[2]對著一艘駛經關門海峽的美國商船發動炮擊；五月二十三及二十六日，下關守軍先後對經過海峽的法國和荷蘭船艦發動炮擊；六月一日，美國派遣軍艦前往下關，報復之前的炮擊行為；六月五日，法國亦率領兩艘軍艦到下關，攻擊岸上炮台，長州藩損傷慘重。

長州藩在下關與外國艦隊打得轟轟烈烈，對岸九州的小倉藩卻一直袖手旁觀，令長州

2 光明寺黨是從京都回國的久坂玄瑞所組織的義軍，人數約五十人，屯駐在下關光明寺，因而得名。由化名森俊齋的少壯派公卿中山忠光擔任總帥。大部份成員後來加入了由高杉晉作所建立的奇兵隊。

藩極為不滿。他們認為小倉藩抗旨，便在六月十八日出兵突襲小倉藩，佔據了田之浦。

長州藩的攘夷舉動當然深得朝廷歡心，可是幕府卻不高興了，因為肩負攘夷重責的幕府從沒有開過一槍一炮，倒是長州盡心盡力，有目共睹，說不定有一天朝廷忽發奇想，將征夷大將軍之位賜給毛利家呢！但是長州藩畢竟也是遵奉朝廷旨意，總不能說他不對，而長州攻擊小倉藩，倒是可以大做文章。

朝廷聞悉長州藩獨力抗敵甚感欣慰，於是任命正親町公董為監察使，前往慰勞長州，並向當地鄰近大名傳達朝廷旨意，協助長州攘夷。另一方面，幕府老中回應小倉藩的申訴，也派遣吏僚中根市之丞前往長州，譴責長州擅自攻擊小倉藩的行為。

中根市之丞帶著老中撰寫的質問書，以及兩名赴江戶上訴的小倉藩士，搭乘新式蒸氣軍艦朝陽丸前往長州。七月二十四日早上，朝陽丸駛至下關近海，遙見岸上到處豎有「奉勅攘夷」旗幟，大炮已經裝好彈藥，守衛奔馳相走，一副臨戰狀態。當岸上守軍發現朝陽丸行蹤時，竟然開炮射擊，幸好沒擊中船艦。朝陽丸靠岸後，向岸上番所謊稱自己帶著將軍本人的質問書前來，長州方面知道自己闖了禍，連忙派出波多野金吾（後來的廣澤真臣）等人前往賠罪。不過藩政府表面雖對幕府使者十分恭敬，底下新成立的奇兵隊（詳見後述）卻個個粗暴無禮，旁若無人，他們託辭說要保護船員，拿著刀槍強闖船上，船上的人都怕他們三分。

兩天後的七月二十六日，奇兵隊隊員向船上的幕府官員詢問朝陽丸的行程，不知如何在言談間從兩名幕府官員的口中套出了中根市之丞將老中質問書偽稱將軍所書的實情，奇兵隊員大怒，認為藩政府被擺了一道，若早知道是老中派來的，波多野金吾也用不著對使者畢恭畢敬。奇兵隊員打算殺了中根市之丞以洩憤，全靠波多野金吾及時出面阻止，奇兵隊員才把刀收起來。波多野金吾等人計議，以長州藩的名義向他們「借用」朝陽丸（實際是扣押）再行定奪。

船上的幕府官員不知所措，有的主張順應長州要求交出戰艦，有的主張與長州翻臉，兩方爭執未有定論。當晚深夜，吉田稔麿率領約二百名奇兵隊員乘小船登上朝陽丸，強佔船艦，船上人員被嚇到雙腿發軟，動彈不得，只得任由奇兵隊控制整艘船艦。同船還有兩名小倉藩士，他們擔心命喪奇兵隊刀下，又無法下船，便懇求幕吏讓他們藏在船艦最深處的火藥庫中，但幕吏也害怕奇兵隊員發現二人後會遷怒所有船員，只好叫二人切腹，趁著夜色將他們的屍體丟到海中。

藩政府高層並不想讓事件鬧大，因為這時候與幕府作對只會讓長州的處境更危險，因此即使明知中根市之丞帶來的不是將軍質問書，也照樣禮待他。另一方面派家老國司信濃勸告奇兵隊交還船艦，但奇兵隊不從，稍後由世子毛利定廣親自出馬，也無濟於事。

八月十九日[3]，奇兵隊衝進中根市之丞等人留宿的三原屋，見人便砍，中根市之丞正好在廁所躲過一劫，奇兵隊員以為已經殺死了中根市之丞，便留下一封斬奸狀昂然離去。不過他們很快就知道搞錯了，連忙派人追蹤中根市之丞，在八月二十一日將他刺殺。

因為長州率先攘夷，奇兵隊上下自我感覺良好，於是目空一切，囂張跋扈，連幕府都不放在眼內。可是中根市之丞被殺前的八月十八日，在京都發生了一場政變，公武合體派扭轉劣勢，親長州派公卿被逐出朝廷。此時長州藩失去京都這個政治重鎮，一夕之間變成朝幕雙方的敵人，奇兵隊再也不能理直氣壯地自行其是。

3　此前發生了教法寺事件（八月十六日）和八一八政變（八月十八日），將於後文詳述經過。

奇兵隊與教法寺事件

奇兵隊是在美、法艦隊炮擊下關後，由時任藩政務役的高杉晉作所創立的士民混合部隊，它的前身是兩個月前久坂玄瑞為了攘夷而組織的光明寺黨。下關炮擊事件後，久坂玄瑞前往京都繼續政治工作，留下同袍繼續戍守，這時候高杉晉作希望組成一隊新部隊繼續抗夷，正好吸納了舊光明寺黨員。而新部隊同樣有別於藩正規軍，可以自由行動，神出鬼沒，以奇道制勝，所以替新組織取名為奇兵隊。這方案得到藩政府批准，高杉晉作正式成立奇兵隊，並獲委任為總督。

但是單憑一個人的組織能力和攘夷的決心，無法維持部隊的運作，於是高杉晉作找到豪商白石正一郎尋求協助。白石正一郎雖然世代經商，攘夷之志可不輸他人，他不但出錢資助高杉晉作組織奇兵隊，更出借自家大宅作為奇兵隊大本營，甚至親身入伍，擔任會計工作。

有關奇兵隊的詳情留待第十一和第十二章再作交待。

奇兵隊成立後一直駐守下關前田炮台，但再也沒有外國艦隊來到長州，奇兵隊沒夷可攘，反而和自己人打起來。八月十六日，世子毛利定廣親自到下關視察由奇兵隊守衛的前田炮台，以及旁邊由藩正規部隊先鋒隊駐守的壇之浦炮台。但毛利定廣視察完前田炮台後，天色漸沉，沒時間視察壇之浦炮台，先鋒隊以為是奇兵隊故意拖延時間，於是到前田炮台向奇兵隊問罪，矛頭直指奇兵隊員宮城彥輔。這宮城彥輔原本就是先鋒隊出身，因為與

位於下關沿岸，面朝關門海峽而建的壇之浦炮台跡——作者自攝

隊員不合而離隊，轉投高杉晉作旗下。根據加入奇兵隊的藩士金子文輔《馬關攘夷從軍筆記》描述，宮城彥輔向高杉晉作求助，兩人帶著同數十名隊員，當晚闖入先鋒隊屯駐的教法寺叫陣，逢人便砍，先鋒隊員倉皇逃走。但其中一名先鋒隊員藏田幾之進當時臥病在床，慘遭奇兵隊毒手。先鋒隊為報袍澤慘死之仇，便帶人去找奇兵隊問罪，殺害了奇兵隊負責輜重的役人奈良屋源兵衛。

藩政府最後判宮城彥輔切腹之刑。高杉晉作則因監督不力，自求死罪，但藩政府不願失去人才，只好撤回他政務役和奇兵隊總督的職位（不久復任政務役一職），奇兵隊總督改由河上彌市和瀧彌太郎兩人接任。高杉晉作一手創立的部隊，不到三個月便由他人接手了。

十 第十章

用暴力爭奪話語權

時間回溯到將軍德川家茂上洛之前，文久三年（一八六三）二月。

前一章提到久坂玄瑞拜訪關白鷹司輔熙，提出讓孝明天皇行幸神社以祈禱攘夷順利。但是天皇一輩子從未離開過宮闕，僅憑久坂玄瑞和尊攘派公卿三言兩語竟能慫恿天皇出巡，可想而知當時長州派勢力之盛，連天皇都得忍讓三分。

三月十一日，天皇行幸上、下賀茂神社，隨駕者有時任關白鷹司輔熙、前關白近衛忠熙、右大臣二條齊敬、三條實美、姉小路公知、正親町公董、中山忠光等公家，長州（由毛利定廣代表出席）、宇和島、仙台、米澤、備前等十一家大名，以及將軍德川家茂、一橋慶喜、德川慶篤（水戶藩主）、老中板倉勝靜、水野忠精等幕閣。這是百年一遇的大事，數以萬計的民眾夾道觀賞行幸隊伍，不在話下。

四月十一日，天皇行幸石清水神社，同樣引起京都市民關注。這回德川家茂稱病沒有隨行，由一橋慶喜代替出席。不過一橋慶喜也是老大不願意，事前就同中川宮和鷹司輔熙商量取消行幸，只是他們都認為現在不得不仰長州鼻息。此外，一橋慶喜早就收到消息，指天皇行幸當日將會親自頒授節刀[1]，只要收下節刀，幕府就非攘夷不可，為免受制於人，一橋慶喜以腹痛為由擅自離開行列。堂堂幕府之尊，不但在攘夷運動中毫無擔當，更在眾目睽睽下開溜，實在不太像話。

不過長州派「劫持」了天皇卻是事實。天皇和將軍被區區一個藩屬推上攘夷前線，讓親幕派人士看在眼裡更覺得難堪，最重要的是，天皇根本不想御駕親征，這本就是以長州為首的尊攘派一廂情願的想法而已。現在連天皇都按捺不住了，他透過中川宮，下令薩摩島津家從速上洛。另一方面，親幕派也在密謀反擊，奪回他們應有的話語權。

五月二十日，即下關炮擊事件的十天後，少壯派公卿姉小路公知在御所北面朔平門外遭刺殺，行凶者據說是薩摩藩的田中新兵衛，但暗殺動機不明，因為他在被捕當晚便自殺了。有一說是姉小路公知生前曾應邀登上幕府旗下蒸汽船順動丸，視察大坂灣海防，過程中見識到軍艦的威容，加上受艦長勝海舟勸導，終於明白盲目攘夷之不可取，態度從此大為軟化，因而被攘夷派視為叛徒。總而言之，這件事在京都政壇造成極大震盪，矛頭全指向薩摩藩，天皇更一度撤去薩摩藩守衛宮門的職責。但是比薩摩藩更危險的，是親長州派公卿，天皇在五月三十日寫給島津久光的密勅中，明言有些下級公卿（指三條實美、姉小路公知等少壯派公卿）專橫跋扈，多次扭曲天皇的旨意，現在將島津家召來京都商議要事，共同「掃除姦人」；天皇又向松平容保大吐苦水，說自己只是親長州公卿的傀儡，現在的勅旨全是偽勅，皆非其本意。可見天皇對親長州派的不滿多麼強烈，說不定姉小路公知的橫死，正中天皇下懷呢。

天皇密召薩摩藩上洛一事逃不過下級公卿的眼線，而同一時間還傳出松平春嶽的福井藩，以及老中小笠原長行從江戶率兵上洛的消息。在京都的尊攘派著急了，然而長州藩因為忙著攘夷，無暇顧及京都局勢，他們只好用自己的方法阻止政敵上洛。一方面，尊攘派公卿將松平春嶽貶為朝敵，好讓自己站穩政治高地；另一方面，尊攘志士以天誅之名，襲擊與薩摩、越前有關的人和場所。京都的政情變得非常緊張。

---

1 由天皇下賜的太刀，用以任命將軍親征或遣唐使赴唐。

德川家茂最終在六月九日離開京都這個是非之地，不久長州派接納尊攘派精神領袖真木和泉（筑後久留米藩士）的建議，讓天皇行幸大和神武天皇陵和春日大社。前一回行幸賀茂和石清水兩神社，也不過在京都市內，而這一回行幸大和，不但遠離京都，外面還到處流傳著尊攘派要趁這機會劫持天皇、火燒御所的消息，更讓天皇寢食不安。八月十三日，朝廷頒布了大和行幸的詔書，確定天皇將會行幸大和，這可能也是出自三條實美等人的手筆，總之不是天皇的本意。薩摩藩看出天皇的憂慮和憤怒，於是暗中聯絡上會津藩，兩家攜手策劃反擊。

八月十八日子時，中川宮、松平容保、京都所司代稻葉正邦、前關白近衛父子、右大臣二條齊敬、內大臣德大寺公純相繼入宮，會津、淀、薩摩三藩藩兵亦列陣各個宮門。待天曉，三條實美等人如常前往御所上班時，被守兵拒於門外。原本由長州藩負責守衛的堺町門，則被會津和薩摩藩兵所佔據。長州兵與會、薩兩藩之兵就在門外的大路兩旁對峙，相距不過十公尺，但雙方都沒有動手，僵持了大半天，直到日落西沉，長州藩兵才簇擁著三條實美、三條西季知、東久世通禧、壬生基修、四條隆謌、錦小路賴德和澤宣嘉七名公卿離開現場，往防長而去，世稱「七卿落難」。

長州與薩摩、會津從此結怨，長州人蔑稱他們為「薩賊會奸」。順帶一提，往後半年之間，發生過兩次長州兵炮擊路過的薩摩船的事件，造成薩摩人員死傷[2]。薩摩船從此不敢駛近長州範圍。

當日天皇立即宣布中止大和行幸、禁止尊攘派公卿入宮，並取消前陣子成立的國事參政、寄人[3]等職位。

「八一八政變」後，尊攘派公卿全被掃出京都，京都變成公武合體派的地盤，部分尊攘志士則潛藏在京都，等候翻盤機會。此後，由一橋慶喜、松平春嶽、松平容保、山內容堂、伊達宗城和島津久光組成參預會議，商討國事，可是僅維持半年就不歡而散。

至於長州，已被摒除在京都政壇之外，那些將京都搞得滿城風雨的尊攘派藩士，如今灰頭土臉地滾回老家，還得面對藩內政敵的攻擊。八月二十九日，保守派官員椋梨藤太、

2 文久三年（一八六三）十二月二十四日，駛經下關的長崎丸（薩摩借用幕府蒸汽船，當時船上載滿繰綿）遭到岸上守衛炮擊沉沒，船上六十八名船員落水，其中二十八人溺斃；元治元年（一八六四）二月十二日，薩摩商船加德丸駛經周防上關時，遭義勇隊襲擊，船隻焚燬，船主大谷仲之進被殺。

3 文久三年（一八六三）二月成立的議政群組，由十四名公卿出任，三條實美等激進尊攘派公卿佔了絕大多數。他們操縱朝廷意見，壓抑天皇意志，因此招致天皇反感。

中川宇右衛門等人前往山口拜見毛利慶親[4]，請求罷免在藩內擔任要職的周布政之助、毛利登人、前田孫右衛門三人。高杉晉作聞訊勃然大怒，請求毛利慶親將三人復職，此時家老益田右衛門介正好帶著部隊從京都回來，有武力當後盾，形勢馬上扭轉，保守派官員被控結黨強訴，處以逼塞（白天禁止出戶）、流放之刑，而保守派領袖坪井九右衛門被送入野山獄，最後判處切腹。另一方面，周布政之助等三人復職，高杉晉作、久坂玄瑞、長嶺內藏太等人則獲任命為政務役，高杉晉作後來更被提拔為若殿様御內用，即世子毛利定廣的側近人。

毛利慶親是個沒主見的人，藩政府內的兩派官員互相攻擊，他卻未能根據自身意願主持公道。兩派的鬥爭當然沒有就此完結，我們留待下一章再討論。

尊攘派成功排除保守派勢力之後，下一步便是向京都進發，洗刷污名，重奪話語權。與七公卿一同寄身長州的真木和泉，這時候向長州獻策，讓毛利定廣帶兵上京，這建議獲得久坂玄瑞等激進志士的贊同，但是以毛利定廣、高杉晉作為首的慎重派卻不贊同出兵，為了阻止長州東上，高杉晉作甚至不惜脫藩前往京都先作準備，歸藩後被送入野山獄。同一時間，長州藩派遣家老井原主計上洛請願，然而薩摩藩把持著參預會議，堅決處分長州，並沒有將長州的聲音傳達給天皇，直接把井原主計攆了回去。

在京都，參預會議的失敗，加上早前幕府就生麥事件（請參考前一章）向英國人賠款，讓人們看透幕府和公武合體派的差劣，相對地，同情長州藩的人愈來愈多，因幡、備前、廣島、柳川等西國十四藩志士聯合起來，為長州藩求情，尊攘派大有死灰復燃之勢。

來自各地的尊攘派志士紛紛聚集京都，打算再次起事，而桂小五郎、吉田稔麿早已潛伏京都，伺機而動。對於公武合體派而言，尊攘志士是危險分子，不容許他們擾亂秩序，當他們收到尊攘分子潛藏京都的消息，便下令四處搜捕。元治元年（一八六四）五月底，隸屬會津藩的警察組織新撰組，搜查京都河原町的炭薪店時，發現店內藏有武器以及有關長州藩的書信，於是將店主古高俊太郎逮捕，經過一輪嚴刑拷問，得知尊攘志士正籌劃在京都縱火、殺害中川宮和松平容保並劫持天皇前往長州的陰謀，新撰組組長近藤勇遂率領隊員，在六月五日夜晚分別突襲志士藏身之地池田屋和四國屋。

當時尊攘志士原定晚上八時在池田屋商討大計，但有些志士不知為何遲到，桂小五郎

---

4 為了方便指揮攘夷，藩政府早前於同年四月將政廳從萩遷移到山口。

於是折返藩邸。直到晚上十時，埋伏在屋外的新撰組闖入池田屋，登上二樓與眾志士發生衝突。雖然二樓有二十多名志士，比新撰組多了一倍，但新撰組個個都是狠角色，志士皆不是對手，有的當即被砍死，有的奪路奔逃，卻被包抄的新撰組隊員截獲。長州藩吉田稔麿身負重傷逃到藩邸求救，但是夜深了，藩邸大門深鎖，吉田稔麿不得其門而入，結果自刃而死（一說在池田屋當場被殺）；另一名藩士杉山松助聞訊趕往池田屋，途中遇到會津藩兵，被砍去了一腕，第二天死亡；至於桂小五郎因為不在現場，逃過一劫。當時參與行動的新撰組隊長永倉新八，晚年時撰寫《新撰組顛末記》，慨嘆若不是發生池田屋事件，明治維新可能會早一年來臨，可見當時殞命的志士都是一時俊傑。

池田屋事件的消息傳到長州藩，激起全城憤慨，都說要血洗京都為志士報仇。儘管周布政之助和高杉晉作（當時已出獄，幽禁在家）反對，但是阻止不了沸騰的輿論。毛利慶親贊同出兵京都的建議，並將黑旗交給家老福原越後，讓他全權指揮部隊，久坂玄瑞、來島又兵衛、真木和泉等激進分子也一同參軍。福原越後部隊三百人在六月十六日從三田尻出發，聲稱前往江戶，沿瀨戶內海東上，六月二十四日抵達京都伏見；另一方面，家老國司信濃部隊三百人在六月二十六日出發，七月十一日抵達京都嵯峨天龍寺；七月六日，家

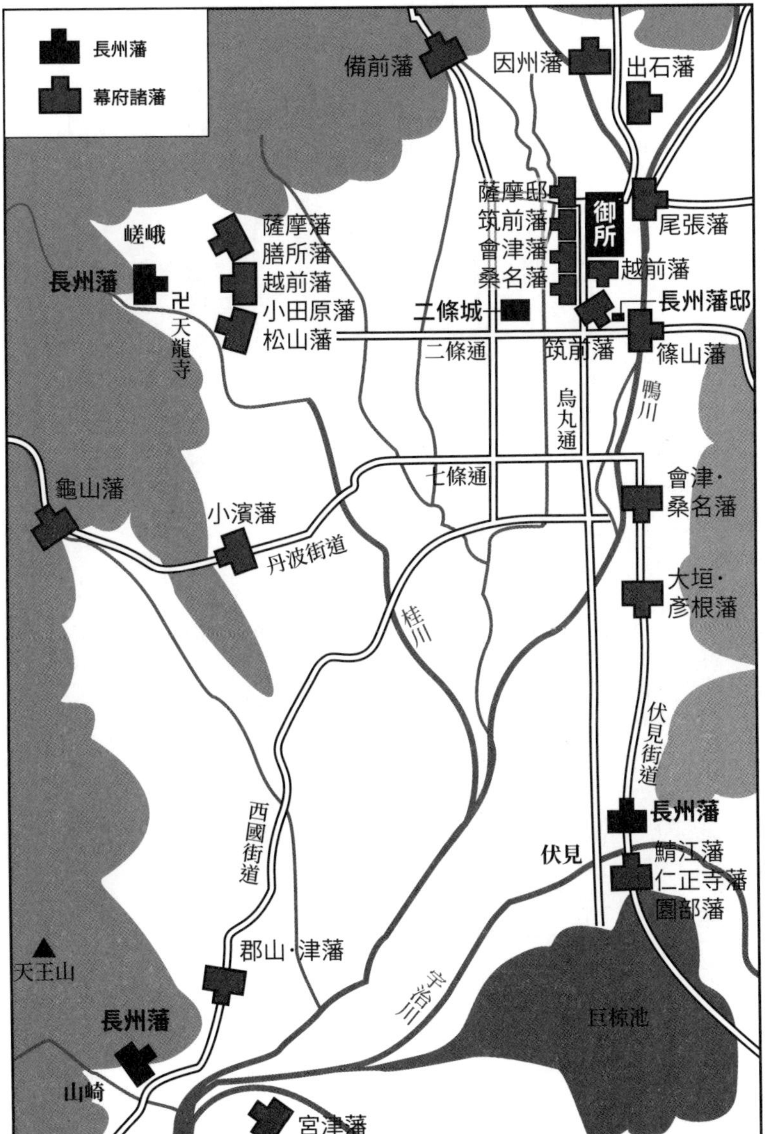

禁門之變長州行軍路線圖

老益田右衛門介部隊六百人從山口出發，七月十四日抵達京都山崎。他們進兵的同時，不忘上書朝廷，力陳攘夷的急切，又發信通知在京諸藩代表，這是長州與會津的私怨，並非針對朝廷而來，請諸藩不要插手。

京都方面，一橋慶喜原本打算息事寧人，勸喻長州藩退兵，但天皇和松平容保都主張討伐長州，直到七月中旬長州兵臨近京都，一橋慶喜才改變想法。七月十八日，朝廷命令長州藩兵馬上撤退，長州不從，朝廷便下旨迎擊長州兵。

當日晚上，長州兵分從三路進入京都市內，直趨御所，宮門外早有各藩部隊嚴陣以待。晚上十時，沿伏見街道北上的福原越後部隊與大垣藩兵爆發衝突，福原部隊被擊退，十九日天明，福原部隊再度進攻，再度被擊退。另一方面，嵯峨天龍寺的國司信濃部隊，逼近御所外的蛤御門，與會津藩兵激戰，混戰間薩摩藩兵來援，國司部隊登時處於下風，來島又兵衛中彈身亡；久坂玄瑞和真木和泉部隊從山崎方向進攻堺町門，同樣被桑名、彥根、越前藩兵擊退，久坂玄瑞負傷逃至鷹司邸，自知無力回天，便當場自盡，年僅二十六歲。而真木和泉率領十七名敗兵撤退到天王山，在會津藩兵和新撰組追擊之下全體自盡；至於毛利定廣在上洛途中得悉敗報，馬上撤回長州。

四國聯軍占領下的長府砲台，由隨軍攝影師費利斯·比特（Felice Beato）拍攝——長崎大學附屬圖書館所藏

長州兵在禁門之變（又稱蛤御門之變）以下犯上，反而損兵折將，換來朝敵的污名，整件事情可以用一敗塗地四個字來形容。

正所謂福無重至，禍不單行，半個月後，八月五日，英、美、法、荷四國組成聯合艦隊，趁著京都政局混亂，從橫濱出航進攻下關，報復去年五月十日炮擊外國船之仇。長州的主力部隊遠在京都尚未歸來，守備薄弱，根本無力抵抗四國艦隊入侵。四國艦隊炮擊下關，甚至上陸破壞各處炮台，長州藩戰死十四人，四十多人負傷，外國聯軍則戰死十一人，五十五人負傷，為免傷亡增加，長州藩連忙派出正在服刑的高杉晉作（化名宍戶刑馬）與帶頭的英國磋談休戰，經過幾日交涉，雙方達成協議，條件包括：長州確保外國船隻安全通過下關、有需要時向外國船隻提供薪炭和食物、准許外國船隻在緊急時上陸避難、長州不再修築和建造炮台。英國方面還要求賠償和租借彥島（現今山口縣下關市南端的島嶼），高杉晉作回答說攘夷是應幕府的命令，請向幕府索取賠償；至於彥島，雖然只是小小一塊土地，卻是絕對不能租借給外國人。這是曾經在上海租界有過真切體驗的高杉晉作所堅守的底線。

結果英國人真的跑去江戶要求幕府賠償三百萬美金（當時結算貨幣為英鎊），由於金額太大，幕府只得分期償還。待幕府被推翻後，由明治新政府承繼這筆債項。

長州贔屓

在禁門之變中，京都市街被戰火波及，許多房屋被毀，市民失去家園。長州雖然與朝廷為敵，但是京都民間卻同情長州的遭遇。因為安政五國條約，造成國內物品不足，物價飛騰，民眾的生活受到嚴重影響，所以他們對積極攘夷的長州藩寄予同情。當時民間流行「長州贔屓」一詞，「贔屓」即是同情的意思，然而當時的社會不容許民眾公然批判政治，所以民眾想到用別的方法婉轉地表達他們的心情。

禁門之變後，京都流行一種圓形的紅豆糯米糰，叫做「長州萩餅」，為萩城下町的特產，不知何時傳入京都。店家將三塊圓形的萩餅排成品字形狀，上面橫放一雙筷子，看起來就像毛利家的家紋「一文字三星」。萩餅訂價三十六文錢，象徵毛利家公稱石高三十六萬石之意。買的時候，要講「負けてくれ（給我算便宜一點吧）」，賣家便會答道「負けん（不能便宜）」。這是雙關語，日文中的

「負ける」既可以解作減價，也可以解作失敗的意思，即是說「長州是不會失敗的」。民眾透過萩餅和雙關語，表達對長州藩精神上的支持。

長州藩士山本文之助從京都撤退，在尼崎自殺，遺體被就地埋葬。後來當地居民發現那個墓地竟有醫治疑難雜症的靈效，於是爭相前往參拜。消息傳揚開去，吸引周圍各地民眾前來，當地領主禁之不絕。慶應元年（一八六五）四月，領主命令手下將該遺體改葬別處，手下掘屍的時候，突然間全身僵硬發熱而死，領主被嚇倒了，從此不敢再打墓地的主意，這個神蹟更加堅定民眾的信仰，前往當地參拜者絡繹不絕，道路上賣酒、賣茶、賣線香、賣食物的店家開了一間又一間，活絡了當地的經濟。當地民眾給這墓地取名「殘念塚」（殘念さん），表示同情和可憐之意。

差不多同一時間，有傳言說大坂舊長州藩邸內的柳樹也有治病的奇效，人們都說是「殘念塚」跑了過來，便稱呼它為「無念柳」，於是有民眾前來藩邸攀折柳枝、柳木，甚至在柳樹上掛上繪馬、投香油錢，後來更有人連樹根都掘走了，即使政府下了禁令也阻止不了民眾的瘋狂。

來自長州的「長州勝」也成為京都民眾最熱門的舞蹈，顧名思義這是一首歌頌長州勝利的舞曲，而舞蹈必備的長州產縮木棉也在一夕之間成為搶手貨。不過這舞蹈帶有一點邪氣，它是從赤石一問酒家開始的，主人乘醉穿了小兒的衣服跳起「長州勝」來，妻子好不容易制止了他，小孩卻突然暴斃了，鄰家主人過來問個究竟，酒家主人說因為妻子制止他跳舞，小孩才會死的，不跳的話便會惹禍，於是鄰家主人回到家跳起同樣的舞來。一傳十，十傳百，「長州勝」很快便傳遍京城。

第十一章

俗論派與正義派

禁門之變發生五天後，元治元年（一八六四）七月二十四日，幕府決定討伐長州。八月二十四日，朝廷正式指定毛利家為朝敵，褫奪毛利慶親父子位階和官職[1]，幕府則收回毛利慶親和毛利定廣的偏諱和名號[2]，並取消大名待遇，二人隨後更名為毛利敬親和毛利廣封。毛利家在江戶、京都、大坂的藩邸遭沒收，大名和家臣則被禁止離開藩境。當時坊間有本期刊叫做《武鑑》，就像今日的時事新聞雜誌，讓庶民能夠了解政治動態，自毛利

1 當時毛利慶親的位階是從四位上，官職是參議左近衛權中將；毛利定廣則是從四位下，左近衛權少將。

2 偏諱是武家社會上位者將自己名諱的一字賜給下位者，以建立主從關係。毛利慶親的「慶」字來自第十二代將軍德川家慶，毛利定廣的「定」字則來自第十三代將軍德川家定。而自江戶幕府成立之始，毛利家各代家督和世子皆獲德川家賜予松平大膳大夫和松平長門守的名號，是一種身份象徵。而禁門之變後，這些榮譽都被沒收，不得再稱松平，只能稱毛利大膳和毛利長門。

家被指為朝敵後，裡面一切關於毛利家的報導和消息都被刪除了。加上八月五日下關遭受四國聯合艦隊攻擊，長州藩正面臨自關原合戰以來最惡劣的情況。更危急的是，朝廷和幕府同時間正準備動員西國諸藩討伐長州。

長州藩在禁門之變和下關戰爭中折損人員甚多，這時候幕府軍隊若攻擊長州，毛利家恐怕無力抵擋。所幸幕府內部對於征伐長州一事並不積極，僅僅是由誰擔任總指揮這個問題上，幕閣和親藩便互相推辭，徒費光陰，正好給予長州藩喘息的機會。

另一方面，隨著毛利家獲罪，藩內部漸漸出現一種聲音，希望向朝廷和幕府示好，以解除目前危機。提出者正是在八一八政變後被高杉晉作等人打壓的保守派領袖椋梨藤太。他們這一黨人，本來就反對任何攻擊朝廷和幕府的言行，素有「俗論派」之稱。

九月一日，毛利敬親向家臣團訓話，表示有意向朝廷謝罪，可是如果幕府執意攻擊長州，毛利家上下將會不惜身命對抗到底，希望家臣積極提供對策。椋梨藤太趁機夥同同僚八百人，一起前往山口拜見毛利敬親，提出罷免現任政府要員（指周布政之助等人），毛利敬親迫於壓力，起用了部分俗論派的家臣。椋梨藤太還提出解散諸隊[3]的意見，激起諸隊反抗，他們先後上書毛利敬親父子，反對撤換官員，但似乎毫無成果。

九月二十五日，周布政之助看出形勢不對，稱病請辭追討應接事務一職，意味著無人負責長州藩與幕府交涉的工作。當日毛利敬親便召集重臣商討對策，會議中志道聞多（當時擔任政務役）提出武備恭順的方針，他主張如果防長二州土地被削封，或者毛利敬親父子有何損傷的話，長州一定會跟幕府對抗到底。這一點其實和毛利敬親的想法相當接近，不過與主張放棄武裝、絕對恭順以保全長州的俗論派卻大相逕庭。當晚會議完畢，志道聞多從政事堂返回自家途中，遭俗論派人士襲擊，命懸一線，幸好衣服裡藏有藝妓好友中西君尾所贈的鏡子，正好擋住了要害，才沒有當場斃命。周布政之助則在寓居的山口市豪商吉富簡一宅邸切腹自殺，年僅四十二歲。

正義派領袖周布政之助去世後，俗論派逐漸控制了藩政。十月三日，毛利敬親將政廳從山口遷回萩城，在俗論派操控下，陸續清算正義派人物，毛利登人、前田孫右衛門、小田村素太郎（後來的楫取素彥）等人被罷免，波多野金吾（後來的廣澤真臣）等人提出辭

3 光明寺黨和奇兵隊成立以後，長州各地紛紛組織義勇軍，有御楯隊、報國隊、遊擊隊、鴻城隊、八幡隊、干城隊等等，數目超過一百，統稱為諸隊。部份隊伍參加了禁門之變，部份則留在長州。

呈，直到十月下旬，藩政府高層幾乎清一色來自俗論派，前述被免職的正義派人士被送入野山獄。高杉晉作心知不妙，匆忙逃離萩城，到博多避難，途中還不忘到山口探訪正在養傷的志道聞多。

在此稍將話題岔開。俗論派與正義派之爭，其實可以追溯到村田清風的改革。村田清風主張儉約，壓抑商人，推出近乎賴賬的「三十七年賦皆濟仕法」，遭到商人反對而下台（請參見第四章）。之後改革工作由同僚坪井九右衛門接手，而坪井九右衛門一上任便改變方針，不僅取消了「三十七年賦皆濟仕法」，還優待商人，不惜舉債以償還商人債務，結果遭彈劾下台。此後，椋梨藤太和周布政之助先後進入政府中樞，主導財政改革，不過二人的改革手法截然不同，簡單的說，椋梨藤太與坪井九右衛門相近，周布政之助則沿襲村田清風路線。他們有各自的工作團隊，輪流主持改革。

安政三年（一八五六）坪井九右衛門復歸藩政府，再度主持改革，那時候黑船來航給予長州藩很大衝擊，長州藩的改革措施，都以應對外國人入侵為首要考量，坪井九右衛門的新改革便不再優待商人，改由藩政府掌握商品生產和貿易，所以遭到商人反對而再度下台。而接手的周布政之助大致承繼坪井九右衛門的措施，在外夷的壓力下，兩派的改革方針並非壁壘分明。

導致兩派分裂的導火線在安政五國條約（安政五年〔一八五八〕）和吉田松陰一連串針對幕府的襲擊計劃，在江戶的毛利家團隊不願得罪幕府，而留守在萩的周布政之助，卻打出「藩是三大綱」，對幕府盡義之餘，尋求長州的自立之道（請參見第七章），因此周布政之助稱坪井九右衛門、椋梨藤太等親幕派為俗論派，而自稱正義派，兩派對立便是由此而起。兩派猶如走馬燈般輪流主導藩政，每次換人都會打壓對方，而且愈演愈烈，前章提到坪井九右衛門最後陷身牢獄被判死刑，正是例子。

爾來我往的鬥爭，全部發生在毛利敬親任內，可想而知毛利敬親並沒有能力應機立斷，也沒有能力調解兩派不和。

言歸正傳。俗論派掌握政權的時候，幕府已組成了十五萬人的征長部隊，由尾張藩主德川慶勝任總督，薩摩藩的西鄉吉之助（後來的西鄉隆盛）任參謀，預定於十一月十八日，分從五處進攻長州。他們雖然集結了大軍，可是並不想真的攻入長州境內，只要長州答應幕府的條件，他們就當作完成任務了。到底是什麼條件呢？西鄉吉之助對代表長州與幕府交涉的岩國藩主吉川經幹說，只要交出禁門之變肇事者三家老（福原越後、國司信濃、益田右衛門介）的首級就可以了，長州俗論派政府為了討好幕府，巴不得馬上照辦，於是命令三家老切腹，將首級送到位於廣島的幕府大本營，俗論派政府還擔心幕府不滿意，又再將獄中的四參謀（竹內正兵衛、佐久間佐兵衛、中村九郎、宍戶左馬介）斬首。不過幕府並不打算撤軍，他們再提出三個條件：毛利敬親父子謝罪、拆除山口城、交出寄身長州的五名公卿[4]。

第一、二項沒有難度，問題是當時五名公卿藏身下關，由諸隊護衛。而諸隊幾乎全員反對藩政府交出五名公卿，除了奇兵隊總督赤禰武人例外，他的立場傾向俗論派，不願與藩政府作對。五卿本身也不願看到長州內訌，願意自行離開長州，聽由幕府發落，但諸隊堅決不從，藩政府也束手無策。幸運的是，征長軍收到毛利父子的謝罪書，以及視察過山口的破城進度後，感到十分滿意，不等毛利家交出五卿便下令撤軍。

另一方面，正在博多避難的高杉晉作，對於正義派同僚的慘死，以及俗論派政府對幕府獻媚，感到十分憤慨。他打算打倒俗論派，重奪政權，便在十一月二十五日悄悄返回下關，與諸隊接觸，說服他們起義，可是諸隊不敢附和，他們認為現在舉兵的話，等於拒絕幕府開出的條件，只會招來幕府軍攻擊。根據天野御民（時任御楯隊總督）在明治年間（一八六八—一九一二）編成的回憶錄《長州諸隊略歷》記述，當時高杉晉作對於諸隊的消極態度十分不滿，他遷怒於奇兵隊總督赤禰武人，說道：「他（赤禰）只不過是個鄉巴佬，怎識國家大事？怎識主公此刻之難？我乃堂堂毛利家三百年世臣，豈是赤禰一個鄉巴佬可比？我舉兵之意已決，欲罷不能！」說時髮指眥裂，人皆顫慄。

十二月十五日夜半，大雪紛飛，高杉晉作身穿甲冑，在下關功山寺振臂一呼，正式宣布舉兵，響應的只有伊藤俊輔的力士隊、石川小五郎的遊擊隊以及太田市之進的御楯隊，共計五十多人。出發前，高杉晉作與匿居在寺裡的三條實美等人道別，留下一句「請看看我們長州男兒的氣概！」，然後昂首闊步地踏上征途。

他們在第二天早上襲擊下關新地會所，搶奪了輜重，其後轉到三田尻，搶佔了軍艦癸

4 即八一八政變時落難長州的七名公卿，這時候仍在長州的只剩五名：三條實美、三條西季知、四條隆謌、東久世通禧、壬生基修。錦小路賴德在禁門之變前病死，澤宣嘉則跟隨其他攘夷志士在但馬舉兵失敗後，輾轉各地，最後潛藏於長州，幕府似乎並不知情。

亥丸。護衛五卿的諸隊受到激發，紛紛集結在伊佐（位於現今山口縣美禰市），與高杉晉作的隊伍遙相呼應。主張與藩政府協調的奇兵隊總督赤禰武人，因為不孚眾望而離隊，由監軍山縣狂介（後來的山縣有朋）接掌奇兵隊。

藩政府收到諸隊舉兵的消息，便在十二月十八日先送正義派重臣前田孫右衛門、毛利登人、松島剛藏等七人入野山獄，第二日將他們統統斬首。十二月二十八日，組成鎮撫軍，前往鎮壓舉兵諸隊。元旦之日，他們到伊佐向諸隊發出最後通牒，要求諸隊解除武裝，諸隊允諾。

五日後的元治二年（一八六五）一月六日深夜，諸隊奇襲位於山口近郊繪堂村的鎮撫軍，打響了元治內訌的序幕。諸隊擊破了鎮撫軍，乘勢佔領了繪堂村附近的太田、秋吉一帶。正月十四日，高杉晉作、伊藤俊輔等部隊與諸隊合流，一同進入山口。

藩政府中立派家臣趕緊組織鎮靜會，負責與諸隊談判。諸隊上書藩主，提出罷免俗論派官員並解散鎮撫軍，毛利敬親應其要求，先罷免了椋梨藤太等要員，重新起用兼重讓藏、中村誠一等正義派家臣，換取諸隊退兵，但諸隊依然不從。二月十日，四名鎮靜會成員前往山口與諸隊談判，返萩途中在明木權現原遭俗論派派出的刺客暗殺，四人中僅有一人逃脫，事後馬上有流言說是諸隊下手的。諸隊百辭莫辯，乾脆向萩進軍，這時候只有徹底消滅俗論派才能罷休。

二月九日，清末藩主毛利元純和長府藩主毛利元周，一同進入萩城商討善後之策。他們較同情正義派的遭遇，立場傾向諸隊，便向毛利敬親請求停止鎮壓，接納諸隊意見，盡快促成藩內統一。可是俗論派一日不離開萩城，諸隊便不肯撤兵，他們操作癸亥丸向萩城發空炮，威嚇城中諸人。二月十四日，椋梨藤太見形勢不對，與同黨一起逃出萩城，打算前往岩國藏身，途中遭諸隊逮捕。俗論派從此瓦解，正義派取得了重大勝利。兩黨鬥爭至此結束，藩政歸於一途。

正義派取得發言權後，藩論從絕對恭順改變成武備恭順，顧名思義，即表面上維持對幕府的恭順，一面充實武備，若是幕府堅持來犯，長州亦不惜一戰。二月二十二日，毛利敬親父子舉行臨時祭祀，以謝騷亂之罪，並祈求先靈保佑長州藩，從此不再荊棘滿途。

櫻山招魂場

自從安政大獄以來，長州藩積極涉足中央政治，捲入一幕幕仇殺爭鬥，多少人為此付出性命，多少人客死異鄉，遺骨未能回歸故土。

高杉晉作曾提議修築一座神社，祭祀為藩犧牲者的英靈。他的提議在元治二年（一八六五，同年改元慶應）得到落實，在下關新地的櫻山設立招魂場。這是防長境內最早的招魂場，今日東京九段靖國神社的前身招魂社，便是以櫻山招魂場為原型。

櫻山招魂場建立之初，供奉了下關攘夷戰爭中陣亡的奇兵隊員，後來陸續加入了第二次征長戰爭和戊辰戰事的殉難者。進入明治時代，吉田松陰、高杉晉作、久坂玄瑞、入江九一、吉田稔麿、山縣有朋等長州人也被放到櫻山招魂場合祀。直到今日，櫻山招魂場內供奉著有三百九十一柱神靈（「柱」是神社供奉英靈的單位，一柱代表一個英靈，三百九十一柱即有三百九十一個英靈）。

製作於一九〇〇年代的櫻山招魂場明信片，左下角即為合祀的方柱——The New York Public Library

三百九十一柱按長方形、面向同一方向整齊排列。每一柱寫有所祀人名、卒日、卒地和死因。各柱大小一致，第一列正中央是供奉吉田松陰的柱，比其他各柱稍高一點，以示對吉田松陰這位啟蒙老師的尊重。

除了櫻山招魂場之外，防長各地亦有建立招魂場，例如萩、岩國、秋穗二島等等，總共二十二所，各自供奉著不同部隊、於不同戰爭陣亡或該地出身的志士英靈。不過，俗論派以及像赤禰武人這種與正義派唱反調的人士並不在祀奉之列，而由被差別部落民組成的團隊也沒有資格接受供奉。如此看來，同樣是為國捐軀，卻因為生前身分和立場不同，在死後仍然遭受著差別待遇。

第十二章 元治更張

元治內訌之後，長州以及幕府內部皆發生翻天覆地的變化。這時候坪井九右衛門、周布政之助、椋梨藤太等昔日政府要員已不在人世，藩政府陷入真空狀態，不得不重新物色人選以主持藩政。桂小五郎便是在這時候擔起藩政大旗。他在禁門之變後為了逃避追捕而隱身於但馬，直到元治內訌之後才奉召回國。桂小五郎執掌藩政後，起用村田藏六（即大村益次郎）、杉孫七郎、中島治平等人才，一新藩政，使長州從內訌中極速恢復元氣。而幕府方面，在征長軍退去後內部出現分裂，江戶幕閣認為總督德川慶勝對長州太過寬容，至少要將毛利敬親父子綁到江戶受審。然當時德川慶勝已解散軍隊，對於幕閣的要求感到憤慨，認為幕閣根本搞不清楚狀況，他上洛面聖報告戰況後，直接返回老家尾張，連江戶都不去了，對幕閣的叫囂不屑一顧。

如果說八一八政變時，日本歷史轉了一個大彎，那麼幕府第一次征長後，日本歷史便是再次轉了一個大彎。勝利之神正朝著長州的方向走去。

有關元治內訌後的政治形勢，留待下一章再續。在此先介紹藩內幾個人物和故事。

毛利敬親早於天保七年（一八三七）底繼任家督，當時才不滿二十歲。他三十年家督生涯，正是風雲變幻之時，雖然以結果論，長州在政治角力中勝出，開創了新時代，卻不能都算作他的功勞。他不像同時期的薩摩藩主島津齊彬、福井藩主松平春嶽、宇和島藩主伊達宗城、土佐藩主山內容堂（此四人合稱幕末四賢侯）那樣有大作為，但有些人仍然視他為名君。據說每次家臣問他意見，他都會回答「そうせい」，即是「就這麼辦」的意思，所以他又有一個外號叫做「そうせい侯」（就這麼辦大人）。他從不會提出異議，這一點可以理解為知人善任，亦可以說是沒有主見。

就像前一章提到的，正義派和俗論派相爭，藩政府人員分黨分派、互相攻擊，當一派得勢，另一派不是被迫切腹便是被送入獄中，或者遠遁他方，加上禁門之變的失敗，導致人才凋零。毛利敬親不但不能平息兩派紛爭，也不見有任何一策能避免政治災難。然而他上任初期身體力行支持村田清風的節儉政策，又對吉田松陰、高杉晉作等志士青睞有加，讓他們離藩到各地遊學，倒不能否認是他的可取之處。

在文久年間（一八六一－一八六三）全日本圍繞著開國或攘夷而鬧得沸沸揚揚之時，毛利敬親挑選了五名藩士秘密前往英國留學，他們是伊藤俊輔（後來的伊藤博文）、志道聞多（後來的井上馨）、遠藤謹助、山尾庸三、野村彌吉。這五人當時還是血氣方剛的青年，積極獻身於攘夷運動。伊藤俊輔曾經在文久元年（一八六一）初寫信給友人來原良藏，透露自己希望前往英國留學的志願。不過他們一邊幹著暴力攘夷行動，一邊想著到外國留學，竟然還得到英國人的支援，實在也是神奇。他們得到在日經商的怡和洋行安排，於文久三年（一八六三）

上列左起為遠藤謹助、野村彌吉、伊藤俊輔；下段左起為志道聞多、山尾庸三，五人為後世合稱作「長州五傑」——日本國立國會圖書館所藏

五月十二日——即下關炮擊事件的兩天後——在橫濱乘坐英國船離開日本，至上海轉乘大船，十一月四日才抵達倫敦。由於伊藤俊輔等五人向英國人說希望學習航海術，英國人便給他們安排跟水手一樣的工作和休息場所，並沒有將他們視為上賓。他們沒有出海的經驗，在船上歷盡辛勞困頓，雖然辛苦，對他們來說卻是難得的體驗。

伊藤俊輔和志道聞多二人抵達倫敦後，寄宿在化學教授威廉森（Alexander Williamson）家中，並獲安排到其所屬的倫敦大學學院法學部聽講。他們是倫敦大學學院史上第一批外國留學生，前些年該院校特地製作了一塊石碑，放置在日本庭院內，紀念伊藤俊輔等人到校一百五十週年，還邀請各界學者和日本駐英官員出席紀念儀式。不過二人留學的日子很短暫，當他們在元治元年（一八六四）三月得悉英國將聯同美、法、荷三國艦隊炮擊下關時，便決定提早回國通知長州藩政府，讓藩政府及早防備。他們在四月乘船離開倫敦，六月十日抵達橫濱，便馬上聯絡英國領事和公使，提出願意說服長州藩放棄武裝，與四國講和。可是當他們回到長州，才發覺整個藩政府都沉浸在一片攘夷氣氛之中，這些長州人寧為玉碎，不為瓦全，對於攘夷的狂熱程度，與留學前的伊藤俊輔和志道聞多相比不遑多讓，根本不把二人的建議聽進去。伊藤俊輔和志道聞多甚至要改名換姓，免被攘夷分子追殺。

留學英國的經驗，徹底改變了這五位年輕人的想法。他們認識到攘夷只是無謀之舉，為了保全家國，絕不能意氣用事。伊藤俊輔和志道聞多雖然未能阻止四國聯合艦隊報復，但他們跟隨高杉晉作與英國人談判，亦有出一份力。下關戰爭後，伊藤俊輔和志道聞多捲入正義派和俗論派的鬥爭，發生志道聞多遇刺、伊藤俊輔參與功山寺舉兵等情事。至於另外三人，此時專心致志在英國聽學，直到維新前後才返回日本。遠藤謹助、山尾庸三、井上勝分別在造幣、工業、鐵道建設方面為日本作出極大貢獻。

另一方面，元治內訌以後，包括奇兵隊在內的諸隊，被藩政府收編為正規部隊，然而人數眾多，不得不重整架構。

所謂諸隊，是藩正規部隊以外的志願軍的合稱，當中以奇兵隊為大宗。由奇兵隊士本田友一編纂的《長藩奇兵隊名鑑》記載了八百餘名隊士的名字，這八百多人當然不是某一個特定時間點的人數，有些比較早入隊，有些則比較晚。經過學者考據和分析，得出其中六百四十一人的身分，在這之中武士出身者達三百一十八人，農民二百五十八人，町

641位諸隊隊士的組成

	人數	百分比（%）
武士	318	49.6
農民	258	40.25
町人	32	5
寺社	33	5.15

來自武士階級的隊士統計

	人數	百分比（%）
直臣	102	32.08
陪臣	133	41.82
扶養者	72	22.64
支藩士	10	3.14
其　他	1	0.31

人三十二人，寺社關係者三十三人。武士出身者之中，有萩藩直臣一百零二人，這數字頗令人意外，另外尚有陪臣（家臣的家臣）一百三十三人，扶養者（下級士族）七十二人，支藩士十人，以及他藩出身者一人。因此可說是官民混合的部隊，並不是全由農民組成。

奇兵隊草創之初只有十多人，後來人數逐漸增加。高杉晉作組織奇兵隊的時候，強調不問出身，只要是「有志」之士便可以加入。而白石正一郎原只是町商人身分，但他為建立奇兵隊出錢又出力，高杉晉作為了報答他的恩情，拜託在藩政府擔任高官的好友前田孫右衛門設法疏通，讓白石正一郎升格為武士。有了白石正一郎的先例，一些農民商人希望大顯身手，或者仿傚白石正一郎，藉著立功晉升士族，脫離被統治階層。甚至有些藩正規軍士兵不惜離開軍伍也要加入奇兵隊，指揮官也阻止不了。如此一來，奇兵隊人數遽增。不過，這不代表高杉晉作有意打破封建門閥之隔，畢竟高杉晉作本身也是統治階層的士族出身，藩政府也不能容納所有志願從軍者成為士族，事實上，只有最初加入的幾名平民有幸晉升武士，後來加入的平民則沒有這等好運。高杉晉作在寫給前田孫右衛門的信中，透露成立這樣的志願軍是「不得已之窮策」，因為單憑正規部隊是不足以攘夷的，必須吸納平民的力量才能加強戰力，而為了吸引平民加入，只好以武士待遇招徠。

因為奇兵隊是由不同階層的人員組成，所以隊士的裝束和武器也因人而異。由於平民一向與兵事無緣，他們沒有佩刀，只能用隨手的武器作戰，後來則獲允許帶刀和學習劍術。此外，大概是平民隊員一朝得志，變得「目無尊長」，自以為與武士同列的緣故，藩政府在元治元年（一八六四）六月下達命令，規定隊士之間必須以衣裝區別身分，如武士隊員可以穿著絹衣，甚至在儀式上穿禮服，衣服上可以附有紋樣；而平民隊員則只能穿木棉衣，衣服上不能有紋樣。諸如此類，都是藩政府和隊內高層維護封建門閥之隔的措施。

元治內訌之後，藩政府為了控制諸隊，便讓一族和重臣們擔任諸隊頭目，變相接管了諸隊，讓諸隊變成正規軍。接著，藩政府合併和改組諸隊、干城隊（以鎮靜會成員為核心的士庶混合隊伍）、各家臣團組織，統統收編在藩政府麾下，並由村田藏六（大村益次郎）負責改革軍制。

村田藏六便是日後被譽為日本陸軍之父的大村益次郎。他在文政七年（一八二六）出身於山口市大村的一個醫生世家，年少時先後跟隨梅田幽齋和緒方洪庵學習蘭學和醫學，因成績優異而出任塾頭。黑船來航之時，村田藏六獲宇和島藩邀請出任蘭學顧問，教授蘭學和協助築造防禦工事。後來跟隨藩主伊達宗城前往江戶參勤，在江戶負責教授蘭學和翻譯外文書籍。他的外文造詣深厚，無人能出其右，因而獲得幕府賞賜。閒時他還參加各藩藩士舉辦的讀書會，結交同好，他與長州藩士結緣便是在讀書會上，得到桂小五郎青睞。直到文久三年（一八六三），村田藏六才正式返回長州為藩效力，擔任軍事相關工作。

元治內訌後，桂小五郎主導的藩政府銳意改革軍事，便起用村田藏六主持改革。村田藏六正是在這時候改名大村益次郎。大村益次郎軍事改革的重點是引進了西式兵學，重組諸隊並教授新式戰術，從以往冷兵器集團式戰鬥，改良成士兵能單獨行動的熱兵器戰鬥。所謂熱兵器便是火槍，長州藩透過土佐和薩摩兩藩從英國商人手上購入新式步槍（將於下章詳述），作為全體士兵基本配備，而弓箭刀槍這些不合時代潮流的冷兵器自然被淘汰了。經過大村益次郎的改革，長州藩的戰力更上一層，在幕府第二次征長戰爭中大殺四方，所向披靡。日後長州藩能夠倒幕，大村益次郎可居首功。

不過正是這場軍事改革，為大村益次郎招來殺身之禍……

大村益次郎肖像——日本國立國會圖書館所藏

豪商白石正一郎

所謂國家興亡，匹夫有責，推動歷史前進當然不只是統治階層（武士）的責任，平民百姓也有書寫歷史的功勞。即使女流之輩也有重要的地位，像野村望東尼為志士提供密會場所，並照顧患病的高杉晉作；或者如藝妓幾松多番庇護逃亡中的桂小五郎，二人共歷患難，終成眷屬，也是一時佳話。

這裡提到的豪商白石正一郎正是平民志士當中的代表人物。白石家原本是九州小倉的商家，十八世紀中期移居下關，經營迴船問屋（貿易商兼海運業），由於地利之便，累積龐大財富。但白石正一郎卻不是純粹的商人，他受父母濡染，對於國學和歌道有濃厚的興趣，曾拜平田篤胤之門生鈴木重胤為師，並結交來自全國各地的尊攘志士。

他很早就與西鄉吉之助（西鄉隆盛）、月照和尚、平野國臣等志士結交，西鄉吉之助在給家人的書信中稱讚白石正一郎「風儀雅品」、為「丁寧之者」，即是為人篤實，有教養，沒有商人的狡獪氣質。在薩摩藩士的穿針引線下，白石家在文久元年（一八六一）成為薩摩藩的御用商人，為薩摩藩調達物資，卻因為薩摩藩耍了些小技倆而虧大本，瀕臨破產，得長州藩出手相救才能存續。不過白石正一郎認為長州藩當時曾與薩摩合謀使詐，搶奪他所開拓的貿易路線，所以他對長州藩政府也不抱好感。

白石正一郎既活躍於貿易，也與志士來往頻繁，他的家也就成為交換情報的重要場所。吉田松陰雖然大部分時間軟禁在萩，但透過弟子在白石家收集情報，亦能獲得最新資訊。不過正因為與志士交往頻繁，而且收留脫藩浪士，往往來者不拒，受到幕府和各藩的注意。據說福岡藩士平野國臣脫藩後曾匿藏於白石家，當福岡藩士要求白石正一郎交人時，白石正一郎義正詞嚴地拒絕對方的要求。八一八政變時也主動收容落難到長州的七名公卿。

後來高杉晉作成立奇兵隊，白石正一郎二話不說提供一切支援，不但捐出自宅作為大本營，還拉著弟弟白石廉作一起加入奇兵隊。不過他為人輕財重義，出手太過豪爽，志士和隊員們在他家白吃白喝，很快就花光了白石家的積蓄，結果幕府未倒，白石家已然一貧如洗。

踏入明治新時代後，白石正一郎出任下關赤間神宮的宮司，於明治十三年（一八八〇）病逝，享年六十九歲。他遺有《日記中摘要》，是研究幕末歷史的重要資料。

第十三章

四境戰爭

征長總督德川慶勝寬容處置長州問題，招來幕府話柄，幕府決定要進一步嚴懲長州，為取得朝廷批准，將軍德川家茂於元治二年（一八六五，同年改元慶應）閏五月再度上洛，請求孝明天皇頒下討伐令，孝明天皇卻僅僅指示將軍應與各大名商議後再行稟告。而幕府的決策層，即所謂「一會桑」（一橋慶喜、會津藩主松平容保、桑名藩主松平定敬）三人對於懲處長州的方式也出現紛歧，在是否要處死毛利敬親父子，以及是否沒收毛利家領地的問題上，遲遲沒有共識。

另一方面，長州藩準備好求情信，託岩國的吉川經幹交給幕府，幕府要求毛利敬親父子前往大坂（當時德川家茂屯駐在該地）接受審訊，但長州藩多番稱病推辭，廣島、宇和島、龍野等藩亦拒絕協助幕府斡旋。就這樣來來回回擾攘了數月，毛利家始終不肯就範，而朝廷亦未頒下征伐令，幕府老羞成怒，在幕府內部甚至有人提出逼迫天皇頒旨，否則將天皇流放的陰謀。偏偏這時候四國艦隊出現在大坂灣，要求開放兵庫港[1]，幕府為了應付外國艦隊，不得不延後出兵長州的計劃。

然而就兵庫開港一事，幕府鬧出了更大的問題——幕閣內部在沒有反對意見的情況下，便直接對外國代表許諾開港。當時不在場的一橋慶喜於事後得悉幕閣擅自答應開港時驚愕不已，過去井伊直弼違勅調印，鬧得滿城風雨，往事歷歷在目，怎麼這次幕府重蹈覆轍，不先請示朝廷呢？果然孝明天皇追究幕府責任，下旨將與外國人接洽的兩名幕府官員撤職除官，這是日本史上第一次由朝廷干預幕府人事任免。

在這次事件中，一橋慶喜和松平容保與朝廷中的二條關白和中川宮合作，霸佔著發言權，企圖取得開港的勅許，但孝明天皇不願開港，卻下了一橋慶喜的奏請。另一方面，幕府內部也認為一橋慶喜靠近朝廷，如同背叛了幕府，因此一橋慶喜兩邊不討好，成為批判對象。而德川家茂覺得意興闌珊，上表請辭，希望離開這個是非之地。關於幕閣的鬥爭，由於十分複雜，在此略過不述，總之幕府內部陷入分裂，聲望和士氣都掉到了谷底。

多虧外國艦隊攪局，長州藩得到了珍貴的喘息機會，一面對幕府採取拖延戰術，一面加快改革步伐。長州藩當前最需要的是新式武器，但他們沒有能力生產，只能求之於外，然而幕府早已禁止各藩與長州交易，長州藩正自徬徨，這時候一個救星及時出場，打破了僵局，他就是土佐脫藩志士坂本龍馬。

坂本龍馬與他的志士同伴看出了長州的問題，便透過中間人和桂小五郎聯絡。坂本龍馬自薦擔任中間人，促成薩摩與長州和解。當時薩摩藩因為文久二年（一八六二）的生麥事件與英國結怨（請參見第九章），第二年（文久三年）鹿兒島遭到英軍報復攻擊，薩英雙方都損傷慘重，經此一役，薩摩也明白到武力攘夷是無謀之舉，便改變路線，與英國化敵為友。加上朝廷中的代理人中川宮改與一橋慶喜合作，一同阻塞著言路，薩摩對此十分反感，反而漸漸同情長州的遭遇，願意向長州伸出友誼之手。

坂本龍馬與他的同伴中岡慎太郎分頭行事，由坂本龍馬游說長州，中岡慎太郎則游說薩摩，基本上已取得薩長兩藩同意，雙方約定閏五月在下關會晤。坂本龍馬和桂小五郎在

1 根據安政五國條約，兵庫原定於西曆一八六三年一月一日開港，後來幕府與英國協商，延期五年，即一八六八年一月一日開港。這次四國艦隊前來大坂灣，提出願意放棄三分之一賠款，以換取日本提早開放兵庫港。

下關安排妥當，卻只見中岡慎太郎一人泛舟而來，薩摩代表西鄉吉之助則不見影蹤，原來他們乘船前往下關途中，西鄉吉之助接到急報必須前往京都一趟。在下關恭候良久的桂小五郎大為光火，以為薩摩毫無誠意，不如不要談了。這讓坂本龍馬著急了，便和中岡慎太郎一同去京都找西鄉吉之助，西鄉吉之助解釋當初從薩摩出發時並不知道要在下關會晤，對於這場誤會感到十分抱歉，並表示薩摩願意與長州合作購買所需武器。待坂本龍馬和中岡慎太郎返回下關，向桂小五郎轉述西鄉吉之助的承諾，桂小五郎這才平息了怒火。

按照坂本龍馬等人的計劃，以薩摩藩名義向英國哥拉巴商會購入軍艦和武器，再秘密轉售給長州藩，而長州則向薩摩支付兵糧作為報酬。他自己則夥同同伴成立商社（即「龜山社中」），為兩藩運送物資。

前章提到長州藩引入新式步槍，便是這時候透過薩摩藩向哥拉巴商會購買的。桂小五郎派遣伊藤俊輔和志道聞多前往長崎，購入新式米涅步槍四千三百挺和舊式滑膛步槍三千挺，八月十六日交付完畢。

除了火槍，他們還從英國手上購入蒸氣船尤利安號，由坂本龍馬的同伴近藤長次郎負責向英國交涉。但近藤長次郎與長州藩政府就乘船員和船名問題發生爭執，事緣近藤長次郎要求由龜山社中的人員操船，長州不同意，認為這是長州的軍艦，應該由長州人自己操作，最後由坂本龍馬出面調停，主動放棄龜山社中操船的要求；船名方面，本來按薩摩藩的命名方式取名為櫻島丸，後來順應長州要求，改稱乙丑丸（因該年是乙丑年而命名），到十二月才正式交付長州。火槍和軍艦合共十三萬兩，從撫育方撥出資金支付。

不過薩長和解的進程尚未結束。桂小五郎得到武器後，雖然與西鄉吉之助等人保持聯繫，不過薩摩藩並沒有表現出與長州共同進退的決心，他曾想過就這樣與薩摩分道揚鑣，寧願獨自對抗幕府，也不向他人搖尾乞憐。但桂小五郎這不過是意氣用事。而坂本龍馬的視野卻要廣闊得多，他著眼的是日本的未來，而不是某一兩個藩的私怨，所以才堅持要促成兩藩同盟，合力改變日本，他斥責西鄉吉之助態度冷淡，西鄉吉之助被他的熱情感動，表示願意與桂小五郎重新談判。

慶應二年（一八六六）正月二十一日，薩長兩藩代表在京都薩摩藩邸舉行會談，出席者有桂小五郎、薩摩家老小松帶刀、西鄉吉之助、大久保一藏（後來的大久保利通）等人，坂本龍馬也在場旁聽。這些人無一不是當世英傑。會談正式確立了薩長和解，並且就將來幕府再度征長時的對應之道達成了六項協議：

一、萬一戰爭爆發，薩摩會率軍守護京都和大坂；
二、長州在戰爭中佔上風時，薩摩會盡力向朝廷為長州申冤；
三、就算戰況失利，長州也不會馬上覆滅，到時候薩摩會盡力幫忙；
四、幕府軍東歸之時，薩摩會盡力請求朝廷解除長州的冤罪；
五、出兵上洛之後，如果「一會桑」等人繼續像現在這樣霸佔著朝廷，妨礙周旋的渠道，到時候別無他法只有一戰；
六、洗刷冤罪之後，兩藩更要同心合力，為日本國粉身碎骨，不在話下。

從今天起，為了日本，無論在什麼場合，兩藩都要以增天皇威光、恢復朝廷權威為目標盡心盡力。

另一方面，西鄉吉之助也上書幕府，明言征伐長州是不得人心之舉，應該中止為妙。但是幕府堅決懲罰長州以挽回聲譽，撤兵的建議他們都聽不進去。五月一日，幕府下達了對長州的最終處分方案：

一、收回十萬石領地；

二、毛利敬親隱居，毛利廣封終生蟄居；

三、由興丸（毛利廣封之子）繼承二十六萬餘石領地。

除此之外，還指示吉川經幹等支藩家督合力輔助宗家，不得再生枝節。這些條件與其說是懲罰，倒不如說是妥協，為雙方提供一個台階下。

事實上，幕府從去年（慶應元年〔一八六五〕）起已徵調逾萬人軍隊屯駐大坂，長期駐守開銷過大，已耗盡幕府金庫。而駐軍的龐大生活需求導致物價飛騰，引發民眾暴動，騷亂首先在五月三日從兵庫開始，一個月內蔓延到大坂和江戶。所以不論戰或不戰，幕府都必須盡快解決長州問題，只有大軍完成任務，各自歸家，物價才會回復正常，騷亂才會平息。

按當時做法，長州藩必須呈交請書，表示順從幕府的處置，不過長州沒有這樣做。幕府下達最後通牒，要求長州最遲在五月二十九日呈交請書，否則會在六月五日發動總攻擊。不用說，長州還是沒有理會幕府的通牒。事實上，他們已經做好準備開戰。

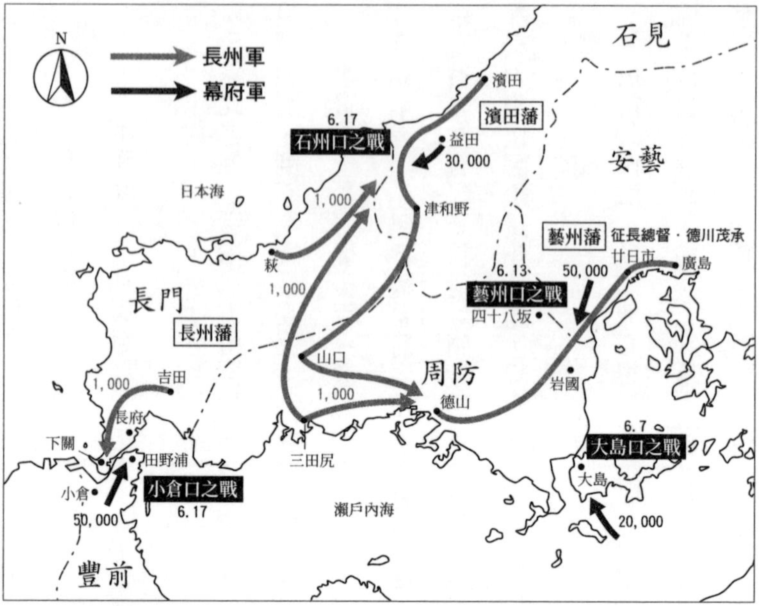

四境戰爭交戰圖

幕府動員中國、四國、九州各大名，配合幕府大軍，從五個方向圍攻長州，不過除了與長州有密約的薩摩藩之外，廣島、宇和島、佐賀三藩都表明不參與圍攻，只作壁上觀。

幕府軍士氣低落，只好硬著頭皮發動攻勢。首先在六月七日，幕府軍艦炮擊周防大島，翌日（六月八日）松山藩兵登陸，放火燒燬島上村落；六月十二日晚，高杉晉作乘坐軍艦丙寅丸突襲大島北岸的幕府軍，打開了缺口，其後長州軍攻入大島，將幕府軍擊退。

六月十四日，幕府軍從廣島方面攻入周防國境，幕府軍裡面的彥根、高田兩藩，正是戰國時期享負盛名的「德川四天王」中的井伊、榊原兩家，他們的部隊僅裝備少量的火槍，大半仍沿用中世的刀槍和具足，彷彿在炫耀他們昔日的驕傲，可是面對長州軍人手一炮的遊擊戰術卻毫無作用，馬上被擊潰，總督德川茂承率領大軍繼續作戰。長州軍雖然裝備精良，但面對人數眾多的幕府軍，尚無法即時制勝。

六月十七日，長州轉守為攻。在山陰方面，由大村益次郎親自領軍，穿過中立的津和野藩，長驅直進殺入鄰國石見，於七月十八日攻陷濱田城，並控制大森銀山。

在下關方面，早前突襲周防大島的高杉晉作早已回到下關待命。十七日早上，他率領丙辰、乙丑等五艦炮轟對岸的門司和小倉城，奇兵隊在槍林彈雨之中，乘小船強行登陸，當日便佔領門司一帶，不過奇兵隊沒有深入追擊便撤回下關。順帶一提，從長崎趕到的坂本龍馬，受高杉晉作邀請，也率領船艦作戰。七月三日和七月二十七日，奇兵隊兩度攻擊小倉城，幕府軍方面雖然有驍勇善戰的熊本藩兵，但駐守小倉城的征長副總督小笠原長行（非小倉藩主）拒絕派出援軍參戰。以熊本藩為首的九州佐幕軍憤而撤兵，小笠原長行只得孤軍作戰，期間傳來將軍德川家茂病逝的消息，於是在八月一日放火燒燬城池，與小倉藩主從一同退出城外。奇兵隊佔領小倉以後，對領內實行統轄。退出城外的小倉藩兵，偶爾與奇兵隊進行游擊戰，直到第二年（慶應三年〔一八六七〕）兩藩和解，長州兵才撤出小倉。

這就是後世所謂的「四境戰爭」。在軍事方面和政治方面，長州藩都大獲全勝。軍事上，幕府雖然有法國的武器援助，但相對裝備英國武器的長州軍來說便顯得遜色；政治上，幕府第二次征長本來就出師無名，部分大名和幕府官員都反對用兵，只是幕閣一意孤行，西國的大名大多認為這是幕府和長州的私怨，因此不願意捲入戰鬥。可惜當幕府意識到這一點的時候為時已晚，趁著德川家茂病逝的機會，一橋慶喜將戰爭責任推卸給小笠原長行，表示自己無意與長州為敵，找到休戰的台階下。

就像第一次征長總督德川慶勝所言，身在江戶的幕府高層根本搞不清楚狀況。日本學者野口武彥也在其著作《長州戰爭》中總結兩次長州戰爭，批評幕府不識時務，第一次征長應該打的不打，第二次征長不該打的反而打了。個人認為這個評語雖然有點事後諸葛，卻也十分貼切。

四境戰爭後的故事，容筆者在此幾筆帶過：一橋慶喜在德川家茂病逝的五個月後，即十二月五日才繼任將軍；同月二十五日，孝明天皇駕崩[2]，由年僅十五歲的睦仁親王繼任皇位，是為明治天皇；次年慶應三年（一八六七）四月十四日，高杉晉作因肺結核惡化，死於下關櫻山宅邸中，結束了二十九年波瀾壯闊的人生，與他的老師吉田松陰一樣短命。

天皇換了人，將軍換了人，時局即將進入新的階段。

2 關於孝明天皇之死，學界有兩種說法：其一是死於天然痘，其二是被毒殺。被毒殺說，有傳是公卿岩倉具視唆使女官在孝明天皇的藥膳中下毒。但兩種說法皆沒有決定性的證據支持，直到今日仍是未解之謎。

軼聞：今年是時候嗎？時候尚早

毛利家在關原合戰後遭德川家移封防長，領地收入僅得戰前四分之一，受影響最深的莫過於被迫削薪的家臣。他們的薪水本來就不多，還得從所剩無幾的收入中額外捐出一部分以補充藩的支出，武士身為統治階層卻收入微薄，連養活一家人都很困難，他們逐漸無法適應愈來愈繁榮的萩都，於是不得不變賣自己的財產，或者下鄉討生活。

也許是這樣惡劣的生存環境，才給人一種錯覺，認為毛利家對德川家恨之入骨，並將這種悲憤化為倒幕的力量。不知道從什麼時候開始流傳一個說法，指每年新年時節，家臣到城內跟藩主賀年，這時候家臣會問藩主：「今年是時候了嗎？」藩主便會回答：「時候尚早。」是時候做什麼並沒有明言，不過很容易使人聯想到倒幕，而這一問一答就成為主從間每年賀年時心照不宣的「秘密儀式」，一代傳一代，持續到推翻幕府為止。換句話說，從移封防長那一刻開始，毛利家上下已然包藏倒幕之心。

這個說法後來被毛利元敬老先生（現任家督毛利元榮的父親）否定，只是傳說，並非真實。

還有一個傳說是說藩主下令家臣睡覺時，雙足必須對著江戶的方向。而此說法同樣沒有史料佐證，相信也是虛構的。其實，只要打開日本地圖，用直線將萩和江戶連起來的話，便會發現當你的腳對著江戶方向的同時，也正好對著京都的天皇……

不過毛利家一開始是不是完全沒有反德川家的想法呢？慶長二十年（一六一五）大坂之陣豐臣秀賴死守城池之時，毛利輝元秘密派遣家臣內藤元盛（化名佐野道可）潛入城中，暗中助豐臣家一臂之力。但眾所周知，德川軍最後攻下大坂城，豐臣家難逃滅亡的命運，毛利輝元連忙與內藤家切割，以免被德川家追究。至於毛利輝元密遣家臣入城是否出於消滅德川家的野心，由於證據已經消滅，只能自由心證了。

第十四章

為達目的不擇手段

幕府兩次征伐長州失敗，許多大名都覺得幕府氣數將盡，就連一橋慶喜自己也是這麼認為。各界倒幕派人士早已蠢蠢欲動。在征長戰爭結束後，長州與薩摩頻繁來往，甚至和英國代表接觸，加深關係。

另一方面，為了挽回幕府威望，一橋慶喜改革幕政，積極爭取開國，亦不失為有為的主君。不過當時就有傳言說，一橋慶喜接近法國，希望引進法國的兵器和軍制，創建一支近代化軍隊，甚至有人說他要將日本的土地割讓給法國，以換取法國支持。這種傳言當然引起長州和其他反幕大名的戒懼，不能放任幕府妄為。

慶應三年（一八六七）三月，已繼任將軍的德川慶喜邀請英、美、法、荷四國公使到大坂商談兵庫開港之事，但由於始終未能得到朝廷敕許，他便親自面聖，憑著三寸不爛之舌，說服明治天皇和公卿。而早些時候，薩摩、宇和島、土佐、福井四藩主應德川慶喜之邀，齊聚京都舉行四侯會議，商討包括長州寬宥和兵庫開港在內的幾個議題。四侯會議表面上雖然是合議機制，但實際上是德川慶喜唱獨腳戲的舞台。四侯與德川慶喜、親幕派公卿經過多場劍拔弩張的會議後，對德川慶喜漸感失望。那是四侯曾經寄予厚望的俊傑，但現在德川慶喜的所作所為已完全背離四侯的期盼。

五月二十三和二十四兩日，是雙方爭論得最激烈的時刻，非得做個了斷不可，經過馬拉松式不間斷的爭辯，由德川慶喜力壓群雄，得到開港的勅許，長州也獲得寬大處置。結果四侯與德川慶喜破裂，並不是因為會議內容有什麼分歧，而是因為德川慶喜表現得太過獨斷獨行，別人的意見都聽不進去，加上一些舊怨，導致雙方決裂。事後薩摩藩重臣商議，正式決定倒幕。長州和薩摩本來就有盟約，但主要是為了替長州雪冤，而不是倒幕，現在兩藩皆有倒幕的想法，漸趨一致，長州終於不是孤軍作戰了。

六月十六日，長州委任山縣狂介和品川彌二郎為代表，到京都薩摩藩邸拜見島津久光，雙方建立倒幕同盟；八月十四日，西鄉吉之助將舉兵計劃告知長州藩[1]；九月十八日，大久保利通前來山口拜會毛利敬親，通知出兵計劃；九月二十七日，長州諸隊集結在防府，等候薩摩藩軍艦前來會合。可是等了很久，直到十一月底，還不見薩摩船的蹤影，長州諸隊以為薩摩出賣了他們，便決定即刻乘坐軍艦上洛。途中遇到幕府軍艦，但雙方沒有開火。最後長州軍在西宮上陸，一邊跳著「這樣不好嗎」的歌舞[2]，一邊進入京都。

然而倒幕大名們尚欠大義名分，而且日本還有許多擁護幕府的死忠派大名，要用武力推翻幕府實在困難。不過只要得到天皇玉音批准，就勝過十萬大軍了。

而孝明天皇駕崩對長州藩等倒幕大名來說實在十分合時，因為孝明天皇一向維護朝幕秩序，絕不會容許任何人倒幕。但繼任的明治天皇年紀尚幼，並未具備強烈的意志，只要將天皇掌握在手中，便不怕德川慶喜不聽話。

可是德川慶喜棋高一著，他接納土佐前藩主山內容堂的建議，早一步在十月十四日向

---

1 根據薩摩藩士的文書記載，舉兵計劃包括守衛御所和襲擊會津藩邸，不過藩內並不是所有人都贊同這項激進計劃，有人甚至揚言如果西鄉吉之助不放棄襲擊計劃便會將他處決。

2 「這樣不好嗎」（ええじゃないか）是當時在東海道流行的歌舞，男女老幼不問身份年齡，口中唸著「這樣不好嗎」，手舞足蹈，渾然忘我，狀甚狂亂，他們走到街上，闖入地主富商家中強索酒食，擾亂社會秩序。這種歌舞從東海道迅速蔓延到全國，各地民眾以這種方式宣洩他們對幕府統治的不滿，但這種騷動是民眾自發，還是背後有倒幕派操縱，則有待考究。

朝廷提出《大政奉還上申書》，將政權還給明治天皇。他認為沒有統治經驗的天皇，一定還是會將大政委任予自己，那麼德川家就可以繼續領導眾多武家大名。且在天皇治下，再不會有人膽敢動刀槍對付自己，這樣日本就能夠免於內亂。可是如此一來，長州和薩摩藩就失去倒幕的藉口了。

德川慶喜主動將政權歸還給天皇，不需流一滴血便移交了權力，理應是最好的結果，那麼長州和薩摩為何還要執著消滅德川慶喜呢？前文所述幕府接近法國固然是其中一個原因，但論及深層次的因素，個人認為是出於薩長對德川慶喜執政的不信任感，以及對政治發言權的渴望，他們不希望日本的命運只操縱在德川慶喜一人手中，薩長要爭取發言權，唯有將德川慶喜逐出政壇一途。而德川慶喜正在利用朝廷借屍還魂，薩長豈可置之不理？

到了這個地步，恐怕只有天皇的叡旨，才能提供大義名分去打倒德川慶喜。此時，蟄居於洛北岩倉村的公卿岩倉具視將討幕的勅旨秘密送給長州和薩摩兩藩，據說勅旨中沒有寫上日期，也沒有天皇裁可的字句，所以後世有人指責薩長偽造密勅。為了倒幕而甘冒大不韙，薩長是否真有那麼正義，還請各位讀者自行判斷。

除了偽造密勅，他們還自行製作代表天皇官軍的錦御旗。製作錦御旗也是由岩倉具視策劃，他的心腹玉松操負責設計，大久保一藏負責採購物料，一半在京都薩摩藩邸製作，另一半由長州藩品川彌二郎帶回山口製作。現在山口市一之坂川後河原豎立著一塊木碑，上面寫著「錦旗製作所址」，正是當年製作御旗的場所。

十二月八日的御前會議，薩摩藩終於爭取到赦免五卿（此刻身在大宰府）、解除岩倉具視蟄居令，以及回復毛利敬親父子的官位，即解除朝敵狀態。翌日的十二月九日早上，待公卿退席後，薩摩、土佐、尾張、越前、安藝之五藩人物便佔據御所九門，拒絕親幕派人士進去，宛如八一八政變的翻版。當日，他們在明治天皇面前，宣布王政復古，廢除攝政、關白、征夷大將軍等職位，改設總裁、議定、參與三職。總裁一職由有栖川宮熾仁親王（和宮原本的未婚夫）擔任；議定由薩摩、越前、土佐、安藝等藩主和幾位親王擔任；參與則由岩倉具視、大原重德等下級公卿以及西鄉吉之助、大久保一藏等各藩重臣擔任。總而言之，新政府並沒有為德川慶喜預留任何位置。長州藩雖然亦無一人出任三職，但桂小五郎因為才幹出眾，獲推薦出任總裁局顧問一職，也屬殊榮。

這裡有個著名場面值得一談，雖與長州無關：話說山內容堂不滿各藩瓜分德川政治勢力的做法，他主張實行諸侯會議制，由德川慶喜擔任議長，而倒幕派當然不同意，岩倉具視與山內容堂爭論，雙方僵持不下，中場休息時，有人向西鄉吉之助請教解決辦法，西鄉吉之助便說「只要有一柄短刀……」結果下半場爭辯時，岩倉具視氣勢如虹，說得山內容堂無法辯駁，最終議決德川慶喜必須辭官納地，即我們今天所講的「裸退」。

德川慶喜手下那一群支持者當然不滿意，高呼取消王政復古的號令，反而德川慶喜對新政府的制裁表示恭順，甚至願意出錢資助剛成立的新政府。同一時間，他帶領著松平容保以及一眾幕臣進入大坂城，氣定神閒地繼續與外國公使交流，一切照舊如儀。

德川慶喜對新政府的態度，贏得外界好評，參與政變的諸藩當中，更有不少人改變想法，表示願意為德川慶喜奔走斡旋，在新政府尋求應有的職位。相反地，薩長兩藩主導政變，則被視為出於私心的奪權，一時之間處於輿論下風。

這時候江戶市內發生一連串燒殺搶掠事件，治安大亂，滋事者正是西鄉吉之助所招募的浪人集團「薩摩御用盜」，旨在挑釁幕府發動戰端。當時在日本擔任通譯的英國人薩道義[3]冷眼旁觀著形勢發展，他認為倒幕派如此急於行動，是因為有不少大名加入了聲討薩摩藩的行列，甚至有些佐幕派藩鎮已經集結軍隊準備一戰，倒幕派必須在德川的擁護者發難之前搶佔先機，先發制人。果不其然，身處大坂的幕府首腦終於按捺不住，向薩摩藩下戰書。戰事在第二年的慶應四年（一八六八）正月三日於京都郊外爆發。這場內亂持續了一年多，後世稱為戊辰戰爭。

長州和薩摩分別在伏見和鳥羽與幕府軍爆發衝突。正月五日，薩長兩軍亮出了預先製作的錦御旗，標榜自己是官軍，從此佔據上風。這錦御旗一出，動搖了附近各大名的立場，連淀藩（藩主稻葉正邦是幕府老中）也拒絕收留撤退的幕府軍。在大坂城的德川慶喜接到敗報，便在正月六日深夜，丟下一

3 薩道義在幕末期間出任英國駐日公使館通譯，明治時代中期擔任駐日外交官。他在日本經歷許多重大政治事件，相識滿天下，離任後將留日多年來所見所聞寫成《明治維新親歷記》（*A Diplomat in Japan*），是研究幕末維新史的第一手資料。

歌川國廣筆下的《毛理嶋山官軍大勝利之圖》，描繪了鳥羽伏見之戰，毛理所指的即是毛利（長州），嶋為島津（薩摩），山為山內（土佐）。畫中右半部飄揚的軍旗中亦包含討幕軍製作的錦御旗——京都大學附屬圖書館所藏（節錄部分）

群出生入死的士兵，僅帶著松平容保、松平定敬幾個人，乘船逃回江戶。

接著討幕軍兵分三路直搗江戶，途中遇到些許反抗，仍然高歌猛進。三月十三、十四兩日，勝海舟代表幕府與討幕軍的西鄉吉之助談判，宣布江戶開城投降，讓江戶百萬人免於一場戰禍。

德川慶喜退出江戶，在水戶等候發落的同時，幕府軍在關東各地繼續抵抗，東北諸藩也因為與討幕軍談不攏，組成奧羽列藩同盟與討幕軍為敵。為了撲滅幕府殘餘勢力，討幕軍便將軍隊推進關東和東北。五月十五日，討幕軍與幕府彰義隊在江戶上野寬永寺一帶激戰，彰義隊幾乎全滅，而討幕軍指揮官正是長州的大村益次郎。

另一方面，江戶開城後，新政府隨即成立奧

月岡芳年筆下的《德川治績年間紀事 十五代德川慶喜公》，描繪了德川慶喜在鳥羽伏見之戰後乘船逃離大坂的景象——Public Domain Museum of Art

羽鎮撫總督府，將大本營設於仙台藩校養賢堂，由前左大臣九條道孝（昭和天皇的外祖父）擔任總督，長州第二奇兵隊的世良修藏出任下參謀[4]。他們的目標是聯合奧羽諸藩，共同攻擊幕府重鎮會津藩。

說到會津藩，他們從一開始就反對藩主松平容保出任京都守護職，但松平容保為了遵守輔助德川家的家訓而毅然赴任。在八一八政變和禁門之變中，會津與長州為敵，雙方已結下血海深仇，可是在幕府第二次征長前，一橋慶喜和一眾幕臣都主張處死毛利敬親父子，唯獨松平容保主張保留二人性命。大政奉還前夕，希望回國的松平容保曾經遞交辭呈，是被弟弟松平定敬（桑名藩主）挽留才留在京都，追隨將軍左右，就這樣成為討伐對象。其實會津只是盡其職責，但長州對會津卻像是殺父仇人一樣不共戴天。

當時奧羽諸藩尚未決定到底要幫助新政府還是會津藩，各藩內部都分裂成兩派，但整體來說奧羽諸藩與會津的關係並不差。鎮撫總督府於是讓仙台藩向鄰藩會津傳達處分訊

4 總督之下設副總督和參謀，皆由公卿出任，世良修藏和薩摩的大山綱良出任次一級的下參謀。由於公卿不諳兵事，名銜純粹是種裝飾，軍隊實權掌握在世良修藏和大山綱良手中。

息：一、削減領土；二、主君謹慎；三、獻出首謀者的首級，如有不從便會兵戎相見。首謀者指的是鳥羽伏見之役會津藩的「負責人」，並不是指松平容保，所以這些處分其實相當寬容。但會津藩首席家老梶原平馬認為首惡者是德川慶喜，會津並沒有罪，然而為了避免戰禍，還是寫了一份恭恭敬敬的謝罪狀，拜託仙台藩向總督府求情。

而世良修藏自從隨軍進駐仙台養賢堂後，便縱容手下士兵對仙台人姦淫擄掠，他自己也經常對仙台藩士傲慢無禮，不把他們當人看，仙台人都對他恨之入骨。當總督府收到會津的謝罪狀後，世良修藏毫不考慮便否決了，堅持出兵攻入會津。以仙台為首的奧羽諸藩，眼見救助無望，都決意站在會津一方，對抗討幕軍。

閏四月十九日，來到福島城下的世良修藏寫了一封信，託福島藩士鈴木六太郎送給身處新庄的同僚大山綱良，而鈴木六太郎卻將書信交給仙台藩，拆開書信一看，信中寫道「將奧羽全體視作敵人，策劃反擊之大計」，世良修藏似乎有所行動了。現在他自己親手將奧羽諸藩推到會津一方，沒有轉圜餘地，加上在仙台的暴行令人髮指，可說是新仇加上舊恨，逼使仙台藩先下手為強。

第二天（閏四月二十日）天未明，仙台藩士姉齒武之進帶領同僚前往福島城下金澤屋行刺世良修藏。世良修藏前一晚花天酒地，此刻正在床上宿醉未醒，當他發現刺客時已來不及反擊，匆忙從二樓的房間跳到地上，摔成重傷，被姉齒武之進一把抓住，拖到壽川河原斬下首級。據說當世良修藏的死訊傳到白石城諸藩臨時議事場時，在座眾人無不高呼萬歲，普天同慶。

事後奧羽諸藩正式組成同盟（後來越後長岡、新發田等藩加入同盟，組成奧羽越列藩同盟），與會津一起對抗討幕軍，於是戰火波及到整個日本東北。直到明治二年（一八六九）五月，北海道五稜郭開城，由舊幕臣榎本武揚領導的蝦夷共和國滅亡，戊辰戰爭才告完結。必須注意的是，奧羽越列藩同盟初時也是奉明治新政府統轄，他們只是針對薩長的暴行，以清君側的姿態對抗討幕軍而已，因為鎮撫總督府設在仙台，他們便挾著總督九條道孝與新政府談判。在《太政官建白書》中，仙台藩訴說薩長的暴行，憤怒之情溢於言表，據說本來他們要在建白書中將薩長寫作國賊，但覺得言辭太激烈才將國賊二字刪去。後來擁護明治天皇的弟弟輪王寺公現法親王為盟主，自成一國，與明治新政府分庭抗禮。

不得不提的是當中最慘烈的會津若松城攻防戰。當討幕軍攻入城中，馬上露出獸性一面，士兵公然燒殺搶掠，姦淫婦女，搶奪戰利品，許多會津人為免受辱而選擇自盡。戰敗的會津藩後來被新政府移封到本州最北端的下北半島——他們將該地命名為斗南，取「北斗以南皆帝州」之意，與北海道隔海相望。那裡氣候嚴寒，人煙稀少，耕地不足，來自會津的人，很多都抵受不住惡劣環境而死亡，活下來的也都瘦骨嶙峋，情狀十分可憐。

直到今天，東北人與薩長的仇恨尚未完全釋除，前些年萩市市長希望與會津若松市和解，結為友好城市，但若松市方面因為民意可畏而沒有接納，可見當年薩長官軍給東北人造成的傷害是多麼深刻。

軼聞：明治天皇出身奇兵隊？大室寅之佑傳說

明治天皇是孝明天皇的第二皇子，母后是權大納言中山忠能的女兒慶子。明治天皇幼時一直住在宮外的中山邸，直到五歲時才遷入宮中，繼任天皇時年僅十四歲。

但歷史上顯赫有名的這位明治天皇，竟然與奇兵隊員扯上了關係！

這說法來自《中山忠能日記》〈正心誠意〉篇裡一句「寄兵隊ノ天皇來正月上中旬之內御元服御治定之事」，後人便拿著這句造文章，質疑明治天皇不是皇胤，而是出身奇兵隊的普通下人。不過這只是斷章取義的說法，有學者從行文鋪排，分析該日記內容，指出「寄兵隊ノ」和「天皇來正月上中旬」其實是兩個不同段落，說的是兩個不同的主題，所謂奇兵隊的天皇云云，完全是望文生義的無稽之談。

有趣的是，明治天皇的孫女中丸薰女士竟然也主張「奇兵隊出身說」。據她所言，她的祖父明治天皇，其實是長州田布施町人，名叫大室寅之佑。她所持有的天皇家系圖，證明大室寅之佑係南朝後醍醐天皇的後裔，而從足利義滿時代起，北朝一脈佔據著皇統，南朝天皇的後裔只好落魄四方，大室寅之佑的先祖則不知從何時開始定居長州。到幕末時，吉田松陰提出由長州達成恢復南朝皇統的偉業，於是居住在田布施的大室寅之佑便成為炙手可熱的人物。大室寅之佑年輕時加入奇兵隊，又從伊藤俊輔和岩倉具視修習帝王之學，以備將來登極君臨天下。至於他何時和真的明治天皇掉包、如何掉包、還有真的明治天皇下場如何，則說不出所以然來。

有人甚至將大室寅之佑和明治天皇的照片併在一起比較，發現兩人容貌相似度頗高。

這種傳說當然不會被日本政府承認，反而更增想像空間，有人就說大室寅之佑的祖先是從朝鮮半島來的渡來人，甚至是漢人、猶太人……關於大室寅之佑的傳說和軼聞，網絡上有許多版本，千奇百怪，疑幻疑真，各位讀者有興趣的話可以在網上搜尋看看。

第十五章

躋身世界強國之林

當戊辰戰爭打得如火如荼之時，京都的明治新政府亦積極推行新制度，鞏固根基未穩的政權。然而新政府只有一群空有抱負和野心的人，沒有統治經驗和物質基礎。他們首先向藩主開刀，要求薩長土肥四藩主率先交還版籍，然後得到諸藩跟進。各藩主以朝廷任命為藩知事的方式，繼續管理舊地，直到明治四年（一八七一）廢藩置縣為止。廢藩置縣後，藩知事與土地脫離了關係，改以華族身分享受著特別待遇。

新政府一面學習西方制度，一面在日本國內推行，以建立能與西方列強看齊的近代國家為目標。在這方面，桂小五郎（當時名字為木戶準一郎，為行文方便，以下統稱木戶孝允）、伊藤俊輔（以下統稱伊藤博文）、志道聞多（以下統稱井上馨）、山縣狂介（以下統稱山縣有朋）、桂太郎等長州人物貢獻良多，他們日後脫穎而出，成為政府首腦，掌握日本的命運。

至於他們如何建設新日本，坊間已有許多書籍敘述，這裡不作討論。在本書最後一章，我想講一些被新時代淘汰的人和事。

就以長州藩為例。大村益次郎為長州藩引入新式兵器和戰術，在第二次征長和戊辰戰爭都大放異彩，後來獲明治政府下賜永世祿一千五百石。他於明治二年（一八六九）獲木戶孝允提拔，負責為新政府改革兵制。大村益次郎提倡徵兵制，雖獲木戶孝允贊同，但薩摩的大久保一藏（以下統稱大久保利通）和吉井友實為著自藩眾多士族的生計，堅持沿用藩兵制，於是兩派就兵制問題出現分歧，後來不了了之。

在幕府時代，當兵只是士族的事，農民耕田，商人做生意，各有各身分定位，做他們該做的事，不能逾越本分；踏入新時代後，拋棄舊制度，撤銷藩鎮、四民平等、自由選擇職業逐漸成為趨勢。當兵不再是士族的專利，相反地，士族以前不事生產，到了新時代，解除了封建束縛，反而需要自力更生，就算繼續當兵，也得和農工商出身者競爭，尤其熱兵器盛行的時代，只要四肢健全就可以帶著鐵砲上戰場打仗，一個武士即使身懷絕世武功也沒有什麼優勢。因此大村益次郎提倡徵兵制，等於損害士族的生計。

明治二年（一八六九）九月四日，大村益次郎與兩名同僚在京都某旅館用餐時，遭長州藩士神代直人等八名刺客襲擊，兩名同僚當場死亡，大村益次郎被砍至重傷，送往醫院搶救，延至十一月五日不治，享年四十六歲。根據凶徒留下的斬奸狀，神代直人是因不滿兵制改革過急，才決定暗殺大村益次郎。

長州藩另一位重要人物廣澤真臣，也在明治四年（一八七一）正月九日遭暗殺，當時引起社會很大的轟動，連明治天皇也親自下令盡快緝拿凶手。這宗暗殺事件真相未白，惹來諸多猜測，其中一個說法，指係不平士族所為，可是一直未能找到真凶。

戊辰戰爭期間，薩長土肥四藩率先奉還版籍，但他們仍然蓄養著龐大的軍隊，當戰爭完結凱旋歸藩後，這些軍隊便會成為財政負擔。伊藤博文因而向朝廷提議將藩軍隊改編成朝廷常備軍，既能為藩擺脫沉重負擔，又能讓朝廷擁有軍隊，懲罰不服從新政府的藩鎮。朝廷採納伊藤博文的建議，卻僅將人數定為一千五百人。

單是長州的軍隊便已超過一千五百人之數，唯有解散軍隊、重新甄選精兵，落選者則必須歸鄉。奇兵隊是長州軍的主力部隊，人數佔長州軍的十分之一，但入選御親兵的限額只有六十人，除了平民隊員之外，武士隊員也有被淘汰之虞，他們一旦落選，就得去外面找工作。可是甄選並沒有固定的標準，往往出現不公平的情況，更讓隊員人心惶惶。就在大村益次郎死亡的十一月，隊員上書藩政府，反對兵制改革，但不獲政府回應。十二月，憤怒的落選者聚集在山口抗議，同時派人到村落煽動因歉收而苦惱的農民，雙方一拍即合，很快就演變成暴亂。藩政府多番勸喻，可是鬧事者不聽從，事情持續惡化。身在東京的木戶孝允擔心動亂破壞辛苦建立的維新基業，於是決定親自前往平亂。

明治三年（一八七〇）二月八日，木戶孝允兵分三路圍剿暴徒，經歷三日激戰，終於鎮壓了暴亂，事後還大肆搜捕滋事者，處死了百餘人。政府軍對付這些昔日袍澤，並沒有給予相當尊重，將他們梟首示眾之後，往往草率掩埋屍體。狡兔死，走狗烹，這些曾經立志救國的志士仁人失去了利用價值，最後被他們所建立的新國家殺死，與那些會津人一樣，背負著罪名，化作塵土，無分你我。

不曉得廣澤真臣之死是否與這件事有關。儘管直到今天仍然是未解之謎，卻也不妨將兩件事一併思考：可能是士族或者民眾報復新政府，而廣澤真臣則成為代罪羔羊。畢竟那段時期，被士族襲擊的政府官員可不只是廣澤真臣一人，例如佐賀藩的江藤新平，也曾遇襲受傷。

士族待遇問題一直是新政府統治的其中一道難題。明治六年（一八七三）征韓論政變，西鄉隆盛、板垣退助、江藤新平等官員一同下野，埋下日後一連串士族叛亂的伏線。明治七年（一八七四）爆發佐賀之亂、明治九年（一八七六）冬季的神風連之亂、秋月之亂以及萩之亂三部曲，加上明治十年（一八七七）的西南戰爭，給予新政府重大考驗。

其中萩之亂是新政府內部圍繞徵兵制爭議的結果。徵兵制的緣起要追溯到大村益次郎，如前文所述。大村益次郎死後，木戶孝允和山縣有朋繼續推行徵兵制，招致許多官員反彈，包括同樣出身長州的前原一誠（舊稱佐世八十郎）。前原一誠因為反對徵兵制，與木戶孝允對立，遂稱病返萩，與同鄉奧平謙輔一起籠絡不平士族，等候時機起事。當他們得悉神風連之亂（熊本縣）和秋月之亂（福岡縣）爆發，便毅然舉兵響應，不過諸事不順，舉兵後僅一個星期便受鎮壓，前原一誠和奧平謙輔一同被斬首。

事件甚至牽涉到松下村塾。當時村塾由吉田松陰的叔父玉木文之進主持，他雖然沒有參加叛亂，但他的養子玉木正誼（乃木希典胞弟）和許多門生都有參與其中，玉木文之進認為自己必須負責任，於是在先祖墳前自盡。

萩之亂平息後的第二年，明治十年（一八七七）爆發西南戰爭，期間木戶孝允病逝；西南戰爭的主角西鄉隆盛兵敗自殺；半年後，明治十一年（一八七八）內務卿大久保利通在東京紀尾井坂遇刺身亡。維新三傑終於結束了他們的歷史使命。此後，由伊藤博文執政權牛耳，致力於制定大日本帝國憲法，成立帝國議會，經過甲午戰爭和日俄戰爭，將日本推上世界強國之列。

山縣有朋肖像——日本國立國會圖書館所藏

新政府內部多次出現分歧和對立，執政者將政敵排除在體制外，逐漸形成由長州和薩摩兩藩閥主導的政權。兩藩閥壟斷了政府主要職位，尤其陸軍更是長州藩閥的天下，與海軍的薩摩分庭抗禮。雖然初期陸軍大臣由薩摩人出任，但山縣有朋採納桂太郎的建議，參照德國的做法，在明治十一年（一八七八）從陸軍省中分設參謀本部，並出任參謀本部長。參謀本部是獨立的軍令部門，直接對天皇負責，不受陸軍大臣甚至內閣的管轄。此後山縣有朋積極擴展軍部勢力，自成一個派系，擁有極大政治發言權。他與伊藤博文派系，是明治時代長州藩閥的代表。

山縣有朋與防長出身的軍官組織了一個俱樂部，名叫「一品會」[1]，成員有桂太郎、大鳥義昌、長谷川好道、寺內正毅等大人物，他們就在這個俱樂部裡秘密討論任免大事，下了決定後才做個樣子呈交軍部批閱。由於陸軍大臣是內閣成員，而陸軍大臣的任免取決於山縣有朋派系的審核[2]，如果軍部不滿內閣方針，只需讓陸軍大臣辭職，並拒絕保舉新的陸軍大臣，便足夠令內閣垮台。一品會可說是帝國軍隊的核心組織，小至軍人的生殺大權，大至國家的政策，皆由一品會操縱著。在一品會底下還有個子組織叫做「同裳會」，它網羅日本、滿州、朝鮮、台灣等地的長州軍人，他們的軍階較一品會成員低，視一品會成員為師父，一品會亦會從同裳會內部提拔人才。長州派壟斷著政權要路，不是長州出身的官僚，就算多有才幹，也不得不仰長州鼻息，否則便要遭受監視之苦。

---

1 一品會的命名來自毛利家的家紋一文字三星，三顆星的排列就像漢字「品」字，故此叫做一品會。

2 明治三十三年（一九〇〇）時任內閣總理大臣的山縣有朋推行軍部大臣現役武官制，規定陸海軍大臣必須由現役武官出任，原意是為了對付當時興起的政黨政治，維護藩閥優勢。

內閣制度成立初期，總理大臣的職位也是長州和薩摩兩派互相推舉輪流擔任，二戰結束以前的四十二任內閣大臣當中，長州藩出身的就佔了十一任[3]。藩閥政治在進入二十世紀後即被政黨政治削弱，到山縣有朋去世前後（大正十一年（一九二二））失去力量，完全讓道於政黨政治。另一方面，山縣有朋遺留下來的軍部基業，亦隨著二戰結束一同消散，一品會和同裳會也不復存在了，不過改以各種各樣的俱樂部作為軀殼，延續著戰前藩閥的餘溫。

3 伊藤博文四任、山縣有朋兩任、桂太郎三任、寺內正毅和田中義一各一任。二戰後，首相岸信介、佐藤榮作兄弟，以及現任首相安倍晉三（岸信介的外孫），都是防長（山口縣）出身。

殉死的乃木希典大將

明治四十五年（一九一二）七月三十日，明治天皇駕崩。九月十三日大葬之日當晚，大將乃木希典與夫人靜子雙雙自盡身亡，追隨明治天皇而去。

乃木希典與吉田松陰、高杉晉作一樣，都是充滿人格魅力的長州人。如果各用一個詞語形容這三個人，那麼吉田松陰是至誠，高杉晉作是豪邁，乃木希典比較複雜，個人會用潔白來形容他。

乃木希典的人生大致可以分成兩個階段，以明治二十年（一八八七）留學德國為界。他因負傷而錯過了戊辰戰爭，又在西南戰爭期間丟失軍旗，常常自責，心情十分鬱悶，總想在戰場上以死贖罪，可是不得其所，於是幾乎每日流連花街柳巷，借酒澆愁。而到了德國留學後，乃木希典徹頭徹尾變了另一個人，他從德國君主威廉一世之死，領悟到全國團結上下和睦的訣竅，他認為軍人應該以身作則，成為社會的道德表率，因此他毅然放棄以前的陋習，生活過得很樸素嚴謹，連他的同僚都感到驚訝。

他擔任台灣總督的時候，攜同夫人和母親一同前往台灣，有別於以往外官單身赴任的慣例。當時台灣流行致命的瘧疾，連皇后都擔心他母親老邁不堪遠行而出面勸說，但是為報國恩，母親堅持要去，結果抵達台灣僅一個月便得病去世了。乃木希典沒有將母親的遺骨送回日本，而是就地安葬，埋在今日台北三板橋的日本人公墓。

後來日本接連打敗滿清和俄國，軍人成為國家英雄，受盡愛戴，而乃木希典在日俄戰爭旅順攻略戰之中，參軍的兩個孩子都戰死了，更能博得世人同情。

乃木希典肖像——日本國立國會圖書館所藏

當時乃木希典與東鄉平八郎並稱為軍神，事實上乃木希典打仗方式實在不值一提，因為他不懂變通，從來只會正面攻擊，所以日俄戰爭中平白犧牲的部下士卒數以萬計。與乃木希典相比，在對馬海戰中殲滅俄國艦隊的東鄉平八郎，才是真正的作戰能手。不過論個人品格，兩人卻是截然不同，凱旋歸國後，東鄉平八郎受財界之邀出席慶功宴，酒色歌舞，樂在其中，乃木希典不僅不接受祝賀，反而自責造成大量犧牲，更親自拜訪戰死者家屬，捐獻物資、照料受傷士兵，協助他們重返社會。在社會急速西化、道德淪喪之時，唯有乃木希典傲岸不群，不沾一抹俗塵，獨自一人捍衛著舊時代道德情操。

然仁者見仁，智者見智，並不是所有人都認同乃木希典的作風。部分學者文人和基督教徒批評他的自殺行徑，認為殉死是古代的野蠻風習，現在已是二十世紀，不應該讓這陋習繼續荼毒世人。不過這些批評者，只是從自身或者當下社會狀況看事情，不見得都了解乃木希典的心境。另一方面，日本政府有意為他塑造忠君愛國的形象，在乃木希典死後大肆宣揚，持續影響著當時日本人，推崇在戰爭中為國家流血捐軀，死而後已。

無疑，乃木希典的情操是毫無瑕疵的，然而自己的高風亮節竟成為政府的愚民工具，對社會造成深遠的遺害，恐怕是他始料未及。

結語

薩長史觀下的倒幕理據

幕府在安政五年（一八五八）與外國簽訂通商條約，內容除了約定開放通商口岸之外，還批准了領事裁判權[1]，失去了關稅自主權，無疑是份不平等條約。這成為攘夷行動的歷史根源。

幕府第二次征伐長州，從出陣到交戰耗時一年餘，長期屯駐導致需求增加，物資匱乏，物價急升，民怨沸騰，最後引發暴動（請參見第十三章）。當時大坂是「重災區」，暴動才剛鎮靜下來，豪商復被幕府強徵巨額資金，他們又將重擔轉嫁給市民大眾，惡夢再度降臨。

1 日本法律和裁判不適用於在日本境內犯法的外國人。

幾乎同一時間，慶應二年（一八六六）四國艦隊集結兵庫，要求幕府提早開放兵庫港，並主動提出取消下關戰爭餘下的賠償金額，以換取日本降低關稅。根據這次協定，輸入日本的關稅由從價稅（輸入品價格的五％～三十五％），改為從量稅（平均價格的五％），大幅降低了外國商品進入日本市場的成本，而適逢幕府二度征長，日本國內物價上升，便宜的外國商品湧入日本，嚴重打擊了日本國內的製造業。

結果幕府打了一場羞辱的敗仗，什麼都沒有得著，只有苦了百姓。民眾對幕府的統治徹底失去信心。

四國艦隊集結兵庫的同時，薩道義先後撰寫了三篇《英國策論》，刊登在橫濱發行的英文報刊《日本時報》（*The Japan Times*），透過翻譯和抄寫，傳遍日本各地，許多大名和家臣因此認識到薩道義這個人。在《英國策論》中，他提出將軍家不過是眾諸侯之首，英國應該重新與天皇及諸大名訂立條約，而將軍則該將政權讓給諸侯。但薩道義不過是一名年輕的翻譯官，並沒有外交權力，他的文章卻被視為英國對日本的正式國策，事實上，英國希望由幕府獨佔的貿易權，讓諸大名均沾，所以英國支持薩長推翻阻撓自由貿易的幕府，也是理所當然的事（另一方面，英國也是為了對抗親幕府的法國勢力，而慫恿薩長倒

明治四年（一八七一）攝於美國的岩倉大使一行。左起為木戶孝允、山口尚芳、岩倉具視、伊藤博文、大久保利通——日本國立國會圖書館所藏

幕）。倒幕的聲音傳遍日本，有了民眾和輿論的支持，理想終於成為現實。

進入明治時代，維新功臣們的首要任務是向外國宣告新政府的成立、提出條約修訂交涉，以及學習外國文化。他們急於擺脫不平等條約的壞影響，將新日本置於與列強平等的位置，於是在明治四年（一八七一）由岩倉具視率領木戶孝允、大久保利通、伊藤博文等人員出使美國（世稱「岩倉使節團」），尋找修正條約的可能性，可惜失敗而回。

條約改正也是明治政府其中一個重要課題，經過多次失敗，直到明治末年才成功取消了不平等條約。這雖然是時局迫使列強放棄條約以爭取日本支持的緣故，卻也是維新官僚建設強大國家換來的成果，不能抹殺他們的功勞。

而新政府種種措施，彷彿反過來告訴我們，幕府昧於世界大勢，死守封建秩序，阻礙日本邁向近代化。如果讓幕府繼續統轄日本，日本將會步滿清後塵，任列強魚肉。

歷史沒有如果，但是我們可以設想一下：假如德川慶喜大政奉還、解散幕府後，親自領導新政府，而薩長放棄倒幕，轉而協助德川慶喜執政，是否能讓政治重回正軌，是否還會有日後的條約改正、自由民權運動、殖產興業、帝國憲法等等近代化舉措？這是個沒有答案的問題，但值得我們思考。薩道義在他的《明治維新親歷記》（*A Diplomat in Japan*）裡，記述了鳥羽伏見之役前，英國公使巴夏禮與德川慶喜的會談，或許能給各位讀者一個參考：

「大君（德川慶喜）仍試圖一力推行其諸藩會議的想法。無疑，他打算借助德川家嫡系封臣的勢力取得大多數大名的支持，從而恢復他的政治權威和以往的地位。然而薩摩藩大膽果敢地擁立天皇，使得大君的計劃最終遭到了慘敗。次日，帕克斯公使（巴夏禮）再次進城拜見前大君，希望了解他對於有關諸藩會議和政府改革方面的意圖。但『大人』（德川慶喜）先發制人，向公使詢問起有關英國憲法的問題。」

伊藤博文在明治十五年（一八八二）才離開日本前往歐洲調查外國憲法，德川慶喜比伊藤博文早十多年即展示出對憲法的興趣和關注。可惜他的想法因為倒幕派的攻勢而無法實行。這一點，很多書籍都沒有提及。如果考慮到這一點，我們對德川慶喜以及維新功臣的評價會否改變？

在薩長史觀渲染下，德川慶喜給人的印象總是戀棧個人權位、只顧自己名聲、不顧日本前途的投機分子，這些評語也許不假，但個人認為這是不公平的。我們有必要重新審視德川慶喜這個人，以及倒幕這個行為的本質，切莫掉進成王敗寇的思維陷阱裡去。

最後想請各位讀者注意的是，倒幕派雖然志在推翻封建專制的幕府，但他們要翦除的對象僅是德川慶喜和他的羽翼，並不是要將所有幕臣趕盡殺絕，甚至像蝦夷共和國總裁榎本武揚、步兵奉行大鳥圭介等與新政府作戰的舊幕臣，以後皆獲明治政府重用，出任重要職位。而廢藩置縣後第一任山口參事（縣令）中野梧一，便是幕府彰義隊隊員，曾加入蝦夷共和國反抗新政府軍，戰爭結束後被捕入獄，後來獲釋，並得到井上馨舉薦任山口縣令。據說中野梧一擔心長州人對他報復，竟每日帶著手槍上班呢！第二任山口參事關口隆吉，也是幕臣出身，維新後隨同德川慶喜隱居靜岡，後來獲新政府提拔，出任山口參事。萩之亂便是在他任內發生。

以上數言，並非斗膽為明治維新這一歷史事件作定調，而是提出疑問，讓各位讀者思考一下倒幕的本質和意義。坊間相關華文書籍十分多，當中不乏日本學者的著作，對於這一問題早有充分和獨到的分析，各位讀者可能早已拜讀，如果拙作能讓各位讀者對該段歷史有更深入的認識，將是筆者莫大的榮幸。

二〇一八年正好是明治維新一百五十週年，日本方面，包括山口縣在內的幾個縣市，已陸續推出多項與幕末歷史相關的景點，吸引各地歷史愛好者遊覽。機會難得，就算再忙我也抽空前往山口「朝聖」，呼吸一下歷史空氣。

山口縣（除了下關和岩國以外）一向不是旅遊熱點，若非對日本歷史有熱忱，大概不會有人留意這片地方。那裡其實有不少景點，有些是寺廟神社，有些是博物館，有些是前人故居，有些甚至是墓園。裡面有前人的足跡，有前人的血汗，每到一個景點，花點時間了解背後的故事，正是樂趣所在。

說去「朝聖」固然是多年夙願，但多少也是為這本書搜集資料而去。

每當接觸一件史料，每當了解背後的故事，我就覺得自己對幕末歷史的知識增進一分，但同時又發覺自己愈來愈不了解這段歷史。因為歷史留下太多史料，我所接觸的恐怕只是千分之一，萬分之一……而且所知愈多，愈顛覆我以往對毛利家的印象。我不得不重新思考這段歷史。我下筆的時候，幾乎是抱著從零開始認識幕末歷史的心態來書寫的。直到現在，我還是深覺自己對這段歷史還有許多值得耕耘之處。

我喜歡歷史，我喜歡寫作，曾經在網絡上發表過介紹戰國毛利家歷史的連載作品《安藝毛利史》，倒是從來沒想過有一天我會和幕末歷史扯上關係，更別說寫成一本書出版。說是時來運到也不為過，因為明治維新一百五十週年紀念的關係，遠足文化計劃推出一系列幕末維新史書籍，我有幸獲得郭總編青睞，負責長州的部分，一圓寫作的夢想。

也多謝胡煒權（《明智光秀與本能寺之變》、《日本戰國．織豐時代史》作者）和洪維揚（《日本戰國風雲錄》系列、《一本就懂日本史》、《日本神話故事》、《幕末：日本近代化的黎明前》作者）兩位前輩的鼓勵和指點，為我解決疑難，為我破除迷惘，這本書才能夠完成。他們是我認識多年的朋友，也是我學習的對象。他們具備專業的歷史知識，有高深的學術修養，我在寫作的過程中，不時向他們討教，獲益良多。在此要感謝以上三位朋友，沒有他們，就沒有這本書。

還有，多謝編輯團隊的包涵和幫忙。

還有，感謝家人的支持。這一年來埋首寫作，常有忽略他們的時候，實在抱歉。

本來打算用輕鬆的筆調寫作這本書，不想因為太多考據而讓它變成沉悶的學術書籍，結果回頭一看，覺得自己寫得還是嚴肅過頭了，可見我寫作功力尚淺，有待改進。因為篇幅有限，許多長州藩的人物和事件未能詳細介紹，略感遺憾，希望日後有機會再詳談。

鄭祖威

二〇一八年初秋書於香港

主要參考書目

《萩市史》
《毛利輝元卿傳》
《萩藩閥閲錄》
末松謙澄　《防長回天史》
小川國治　《毛利重就》
海原徹　《吉田松陰》
青山忠正　《高杉晉作と奇兵隊》
家近良樹　《德川慶喜》
藤村道生　《山縣有朋》
大濱徹也　《乃木希典》
古川薫　《維新の商人》
小川國治　《長州と萩街道》
野口武彥　《長州戦争》
小西四郎　《日本の歴史19　開国と攘夷》
町田明廣　《攘夷の幕末史》
三坂圭治　《山口県の歴史》
新人物往來社（編）　《動乱の長州と人物群像》
勝田政治　《明治国家と万国対峙》
鵜崎鷺城　《薩の海軍・長の陸軍》

中文著作

呂玉新　《政體、文明、族群之辯　德川日本思想史》
褚以煒　《戰爭特典003：幕末維新2》

中譯著作

薩道義　《明治維新親歷記》（譚媛媛譯）
御廚貴、佐佐木克　《倒敘日本史　昭和・明治》（楊珍珍譯）

幕末年表

年份	西元	月·日	長州相關事件	藩外事件
天保8年	1837	4月	毛利慶親繼任家督	
天保14年	1843	4月	羽賀台大操練	
嘉永6年	1853	6·3		培里來航
		6月	奉藩命守衛相模三浦半島和武藏大森海岸	
		9·12	免除椋梨藤太政務役職務，由周布政之助繼任	
安政元年	1854	3·3		《日米和親條約》
		3·27	吉田松陰下田踏海，失敗	
		8·23		《日英和親條約》
		10·9		阿部正弘辭職，堀田正睦繼任
		12·21		《日俄和親條約》
安政2年	1855	5·26	村田清風病逝	
		8·11	周布政之助遷任遠近方，椋梨藤太復任政務役	
安政5年	1858	1·12		日美雙方擬好通商條約，內容為開放六港口，互派領事等十四條
		3·12		廷臣八十八卿列參事件，共同反對在條約上簽字

		4・23		井伊直弼就任大老
		6・19		《日米修好通商條約》調印
		8・8		戊午密勅事件
		9・5		安政大獄開始，幕府大肆搜捕志士
		12・5	吉田松陰下獄	
安政6年	1859	6・1		神奈川・長崎・箱館開港
		7・27		俄國海軍三人在橫濱遇襲，兩死一傷，是最早的攘夷事件
		10・11		法國副領事的從僕在橫濱外國人居留地被殺
		10・27	吉田松陰處刑	
萬延元年	1860	3・3		櫻田門外之變，井伊直弼被殺
		4・12		幕府向朝廷奏請讓和宮下嫁
		7月	桂小五郎等長州藩士與水戶藩士訂立盟約（丙辰丸盟約）	
		12・4		哈里斯秘書兼翻譯員休斯肯遭薩摩浪士襲擊，翌日死亡
文久元年	1861	3・28	藩政府決定採公武周旋策	
		5・12	長井雅樂上洛向正親町三條實愛獻上航海遠略策	
		8・3	長井雅樂到江戶拜見安藤信正，航海遠略策獲採用	
		11・13	毛利慶親和長井雅樂抵達江戶，幕府委託毛利替公武周旋	
		12・16	世子毛利定廣升任左近衛權少將	
		12・22	派遣家臣杉孫七郎隨幕員赴歐洲考察	

文久2年	1862	1·15		坂下門外之變，安藤信正受傷下台
		2·11		和宮與德川家茂正式舉行婚禮
		4·8		土佐勤王黨暗殺藩參政吉田東洋
		4·23		寺田屋事件，島津久光肅清自藩過激尊攘派分子
		4·29	世子毛利定廣入京，前無先例	
		4·30	毛利定廣奉勅與島津久光鎮靜浪士	
		5·5	中山忠能告訴浦靱負，指朝廷認為長井雅樂建白書誹謗了天皇	
		5·6	高杉晉作抵達上海進行考察	
		6·5	長井雅樂被罰歸藩謹慎	
		6·6	毛利慶親離開江戶前往京都	
		6·7		島津久光與勅使大原重德抵達江戶
		7·6		德川慶喜任將軍後見役
		7·14	高杉晉作返回長崎	
		7·24	藩論轉為尊王攘夷	
		8月	久坂玄瑞上呈迴瀾條議，勸藩主捨棄航海遠略策	
		8·21		生麥事件
		閏8·22		島津久光呈交建白書反對破約攘夷，返回鹿兒島
		11·27		勅使三條實美、副使姉小路公知，入江戶城催促將軍家茂早日攘夷
		12·5		將軍家茂回覆勅書，承諾與家臣商討後上京答覆攘夷之事

		12・12	久坂玄瑞等十一人燒燬江戶品川英國公使館	
		12・22	伊藤博文暗殺國學者塙次郎	
文久3年	1863	2・6	長井雅樂切腹	
		2・18	孝明天皇召集在京大名（包括毛利定廣，長府毛利元周）到御所宣布攘夷敕旨，前無先例	
		2・21	久坂玄瑞拜見關白鷹司輔熙，提出確定攘夷期限的要求	
		2・22		足利三代木像梟首事件
		3・4		將軍德川家茂上洛
		3・7		德川家茂參見天皇，奉敕攘夷
		3・11		天皇行幸上下賀茂神社
		4月	以攘夷為由，藩廳轉移山口	
		5・10	下關守軍炮擊美國商船，小倉藩旁觀	朝廷指定的攘夷期限到期日
		5・20		朔平門外之變，姉小路公知被暗殺
		5・23	下關守軍炮擊法國船隻	
		5・26	下關守軍炮擊荷蘭船隻	
		6・1	美國軍艦攻擊下關炮台作為報復	
		6・5	法國兩艘艦船攻擊下關炮台	
		6・7	高杉晉作組織奇兵隊	
		6・18	長州攻擊小倉藩	
		7・4	朝廷監察使正親町公董到長州會面毛利定廣，並傳達鄰藩協助長州攘夷的敕命	
		7・9	幕府禁止長州藩攘夷	

		7.29	幕吏中根市之丞在小郡遞交幕府糾問書，要求藩政府解釋攘夷行為	
		8.15～17		薩英戰爭
		8.16	教法寺事件	
		8.17		天誅組襲擊大和五條代官所
		8.18	八一八政變，七卿落難	
		8.19	三原屋事件，奇兵隊士斬殺小倉二藩士，中根市之丞正在如廁逃過一劫	
		8.21	中根市之丞在三田尻海面遭奇兵隊襲擊身亡，遺體被拋入海中	
		9.4	朝陽丸離開長州	
		10.1		德川家茂上奏辭任將軍職位
		12.24	奇兵隊擊沉幕府船艦長崎丸（薩摩借用）	
		12.30		參預會議產生
元治元年	1864	2.12	義勇隊在上關焚燬薩摩船艦加德丸，殺害船主大谷仲之進	
		3.27		水戶天狗黨在筑波山舉兵
		4.20		國是決定：由幕府向諸藩收集意見，讓幕府自行處置長州和攘夷問題
		4月	批判宸翰事件，認為薩摩與幕府聯合操持公論	
		5.14		幕府設立神戶海軍操練所
		6.5	池田屋事件，桂小五郎逃脫	
		7.19	禁門之變，久坂玄瑞戰死	
		7.24	幕府決定征伐長州	

		8・5	四國艦隊炮擊下關	
		8・24	被指為朝敵，毛利慶親父子被剝奪官位官職	
		9・26	周布政之助切腹自盡	
		11・11	禁門之變責任者三家老自刃	
		12・15	功山寺舉兵	
		12・16	高杉晉作襲擊下關伊崎新地會所	
慶應元年	1865	1・6	繪堂之戰，諸隊擊敗藩軍	
		2・17	俗論派領袖椋梨藤太逃走途中被逮捕	
		2・28	藩論轉為武備恭順	
		3・12		神戶海軍操練所廢止
		5・22		德川家茂上洛提出再征長州
慶應2年	1866	1・21	薩長同盟	
		6月	四境戰爭爆發	
		7・20		德川家茂病歿
		8・21		幕府宣告停止征長
		12・5		德川慶喜就任將軍
		12・25		孝明天皇駕崩
慶應3年	1867	4・14	高杉晉作病歿	
		5・21		薩長土佐兩藩訂立討幕密約
		5・23～24		虎之間會議，德川慶喜說服公卿和大名，爭取兵庫開港勅許
		5・24		薩摩決定武力倒幕
		6・22		薩土盟約

		8·14	西鄉隆盛告知長州舉兵計劃	
		9·18	與薩摩安藝約定共同倒幕	
		10·15		德川慶喜向朝廷提出大政奉還案
		10·21		中山忠能等公家向薩長發布中止倒幕的命令
		11·15		坂本龍馬、中岡慎太郎遭暗殺
		12·7		兵庫開港、大坂開市（西元一八六八年元旦）
		12·8	天皇下詔宣布赦免毛利敬親父子之罪，允許長州人入京	
		12·9		小御所會議，岩倉具視宣布王政復古
		12·23		疑是薩摩派在江戶城二之丸縱火
		12·29		德川慶喜決定討伐薩摩
明治元年	1868	1·3		鳥羽伏見之戰
		1·6		德川慶喜等人逃離大坂城
		4月		江戶無血開城
		閏4·20	世良修藏被殺	
		9·22		會津若松城投降
明治2年	1869	1·20		版籍奉還
		5·18		蝦夷共和國解體，戊辰戰爭結束
		11·5	大村益次郎死亡	
明治3年	1870	2·8~10	木戶孝允鎮壓脫隊暴徒	
明治4年	1871	1·9	廣澤真臣被暗殺	
明治6年	1873	1·1		使用西曆紀事

		7・28		頒布地租改正法
		10・24		征韓論政變，西鄉隆盛等人集體辭職
		12・27		發行秩祿公債
明治7年	1874	2〜3月		佐賀之亂
明治9年	1876	10・24		神風連之亂
		10・27		秋月之亂
		12・3	萩之亂首謀前原一誠被斬首	
明治10年	1877	5・26	木戸孝允病逝	
		9・24		西鄉隆盛兵敗，於城山自刃
明治11年	1878	5・14		紀尾井坂之變，大久保利通遭刺殺
		12月	設立參謀本部，山縣有朋出任參謀本部長	
明治18年	1885	12・22	伊藤博文就任初代內閣總理大臣	
明治22年	1889	12・24	山縣有朋出任內閣總理大臣	
明治27年	1894	7・25		日清（甲午）戰爭爆發
明治29年	1896	10・14	乃木希典就任台灣總督	
明治31年	1898	11・8	山縣有朋第二次出任內閣總理大臣	
明治37年	1904	2・8		日俄戰爭爆發
明治42年	1909	10・26	伊藤博文在哈爾濱火車站被朝鮮志士安重根刺殺	
明治45年	1912	7・30		明治天皇駕崩
		9・13	乃木希典夫婦自殺	

萩藩

代數	藩主	生卒年	出自
	毛利輝元	1600-1623	
1	毛利秀就	1623-1651	
2	毛利綱廣	1651-1682	
3	毛利吉就	1682-1694	
4	毛利吉廣	1694-1707	
5	毛利吉元	1707-1731	出身長府
6	毛利宗廣	1731-1751	
7	毛利重就	1751-1782	出身長府
8	毛利治親	1782-1791	
9	毛利齊房	1791-1809	
10	毛利齊熙	1809-1824	
11	毛利齊元	1824-1836	
12	毛利齊廣	1836	
13	毛利慶親	1837-1869	
14	毛利定廣	1869	

長府藩

代數	藩主	生卒年	出自
1	毛利秀元	1600-1650	
1	毛利秀元	1600-1650	
2	毛利光廣	1650-1653	
3	毛利綱元	1653-1709	
4	毛利元朝	1709-1712	毛利吉元長子
5	毛利元矩	1712-1718	
6	毛利匡廣	1718-1729	清末藩主
7	毛利師就	1729-1735	
8	毛利匡敬	1735-1751	即毛利重就
9	毛利匡滿	1751-1769	
10	毛利匡芳	1769-1792	
11	毛利元義	1792-1841	
12	毛利元運	1841-1852	
13	毛利元周	1852-1868	
14	毛利元敏	1868-1871	

岩國領

代數	藩主	生卒年	出自
1	吉川廣家	1600-1614	
2	吉川廣正	1614-1663	
3	吉川廣嘉	1663-1679	
4	吉川廣紀	1679-1696	
5	吉川廣逵	1696-1715	
6	吉川經永	1715-1764	
7	吉川經倫	1764-1792	出身德山
8	吉川經忠	1792-1803	
9	吉川經賢	1803-1806	
10	吉川經禮	1807-1836	
11	吉川經章	1837-1843	
12	吉川經幹	1844-1867	

岩國藩

代數	藩主	生卒年	出自
1	吉川經幹	1868	
2	吉川經健	1868-1871	

主要人物生卒年

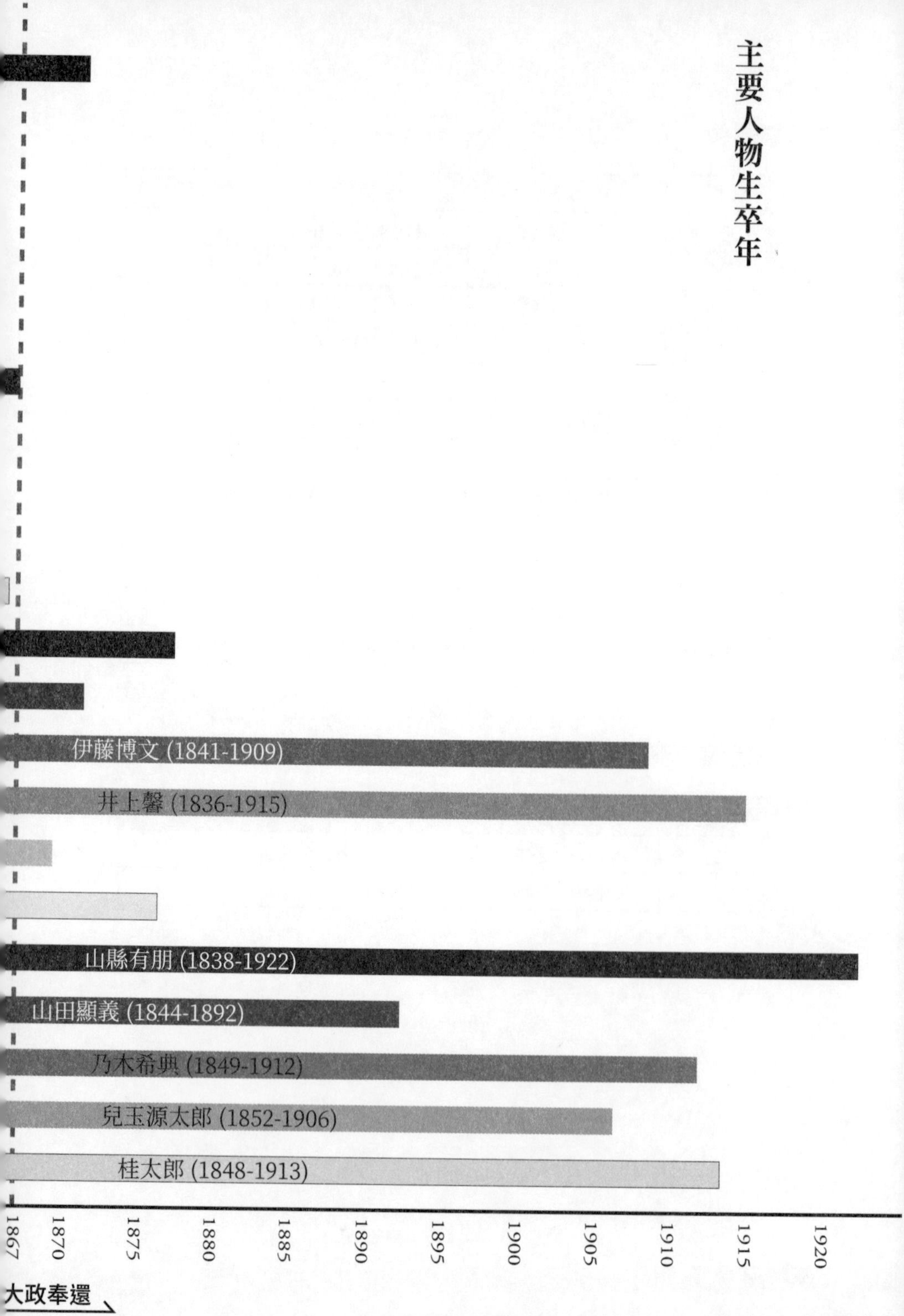
伊藤博文 (1841-1909)
井上馨 (1836-1915)
山縣有朋 (1838-1922)
山田顯義 (1844-1892)
乃木希典 (1849-1912)
兒玉源太郎 (1852-1906)
桂太郎 (1848-1913)
1867
1870
1875
1880
1885
1890
1895
1900
1905
1910
1915
1920
大政奉還

毛利慶親 (1819-1871)
村田清風 (1783-1855)
吉田松陰 (1830-1859)
長井雅樂 (1819-1863)
周布政之助 (1823-1864)
椋梨藤太 (1805-1865)
高杉晉作 (1839-1867)
久坂玄瑞 (1840-1864)
入江九一 (1837-1864)
吉田稔麿 (1841-1864)
赤禰武人 (1838-1866)
桂小五郎 (木戶孝允) (1833-1877)
廣澤真臣 (1834-1871)
大村益次郎 (1824-1869)
佐世八十郎 (前原一誠) (1834-1876)
1815
1820
1825
1830
1835
1840
1845
1850
1855
1860
1865

主要人物出身

人物	出身
吉田松陰	萩
長井雅樂	萩
木戶孝允	萩
高杉晉作	萩
久坂玄瑞	萩
周布政之助	萩
椋梨藤太	萩
大村益次郎	鑄錢司（周防）
伊藤博文	光市（周防）
井上馨	湯田（周防）
赤禰武人	岩國
山縣有朋	川島（長門）
前原一誠	土原（長門）
山田顯義	萩
乃木希典	長府
兒玉源太郎	德山
桂太郎	萩

主要人物受勳一覽

官位	受勳者	受勳年份（年/月/日）	時任總理（出身）
正一位	毛利敬親	1901/05/16	伊藤博文
	毛利元就	1908/04/02	西園寺公望（京都）
從一位	毛利元德	1895/6/17	伊藤博文
	木戶孝允	1901/05/22	伊藤博文
	伊藤博文	1909/10/26	桂太郎
	井上馨	1915/09/01	大隈重信（佐賀）
	杉孫七郎	1920/05/03	原敬（陸奧）
	山縣有朋	1922/02/01	高橋是清（江戶）
正二位	兒玉源太郎	1906/07/23	西園寺公望
	青木周藏	1914/02/16	山本權兵衛（薩摩）
	乃木希典	1916/11/03	寺內正毅（周防）
從二位	山田顯義	1886/10/19	伊藤博文
	大村益次郎	1919/11/27	原敬
正三位	廣澤真臣	1871/2/27	
	桂太郎	1896/10/14	松方正義（薩摩）
	毛利隆元	1908/04/02	西園寺公望
	吉川元春	1908/04/02	西園寺公望
	小早川隆景	1908/04/02	西園寺公望
正四位	吉田松陰	1891/4/8	山縣有朋
	高杉晉作	1891/4/8	山縣有朋
	入江九一	1891/4/8	山縣有朋
	久坂玄瑞	1891/4/8	山縣有朋
	村田清風	1891/4/8	山縣有朋
	周布政之助	1895/2/20	伊藤博文

國家圖書館出版品預行編目 (CIP) 資料

幕末長州 : 明治維新胎動之地 / 鄭祖威作 . -- 初版 . -- 新北市 : 遠足文化 , 2019.04
面； 公分 . -- (大河 ; 42)
ISBN 978-986-508-002-0 (平裝)
1. 歷史 2. 日本山口縣

731.76701 108004069

幕末長州：明治維新胎動之地

作者——鄭祖威
執行長——陳蕙慧
總編輯——郭昕詠
行銷總監——李逸文
資深行銷企劃主任——張元慧
編輯——陳柔君、徐昉驊
封面設計——兒日
排版——簡單瑛設

出版者——遠足文化事業股份有限公司（讀書共和國出版集團）
地址——231 新北市新店區民權路 108-2 號 9 樓
電話——(02)2218-1417
傳真——(02)2218-0727
電郵——service@bookrep.com.tw
郵撥帳號——19504465
客服專線——0800-221-029
Facebook——https://www.facebook.com/saikounippon/
網址——http://www.bookrep.com.tw
法律顧問——華洋法律事務所 蘇文生律師
印製——呈靖彩藝有限公司

初版一刷 西元 2019 年 04 月
初版二刷 西元 2024 年 12 月
Printed in Taiwan